U0628827

高校思想政治教育与课程思政的协同发展研究

王　珂◎著

北京燕山出版社

图书在版编目（CIP）数据

高校思想政治教育与课程思政的协同发展研究 / 王
珂著 . -- 北京 : 北京燕山出版社 , 2023.11

ISBN 978-7-5402-7132-9

Ⅰ . ①高… Ⅱ . ①王… Ⅲ . ①高等学校—思想政治教
育—教学研究—中国 Ⅳ . ① G641

中国国家版本馆 CIP 数据核字 (2023) 第 221156 号

高校思想政治教育与课程思政的协同发展研究

著者：王珂

责任编辑：战文婧

封面设计：张肖

出版发行：北京燕山出版社有限公司

社址：北京市西城区椿树街道琉璃厂西街 20 号

邮编：100052

电话：86-10-65240430（总编室）

印刷：天津和萱印刷有限公司

成品尺寸：170 mm × 240 mm

字数：190 千字

印张：10.5

版别：2024 年 5 月第 1 版

印次：2024 年 5 月第 1 次印刷

ISBN：978-7-5402-7132-9

定价：88.00 元

前　言

　　近年来，高校思想政治教育工作得到了很大程度的完善，但依旧存在一些问题，如思想政治教育与其他专业教育处于相互脱离的状态、学生对思政课程并没有足够的重视等。应思想政治教育发展的需要，上海市委、市政府提出了"课程思政"，即综合专业教育课程、综合素养课程和"第二课堂"，由这些课程共同对高校学生进行思想政治教育。借助"课程思政"的综合性、创新性和渗透性的特点，全面促进高校社会主义思想政治教学宗旨及提升高校教育育人水平。

　　全书共七章。第一章为绪论，主要内容有高校思想政治教育概述、高校思想政治教育价值、课程思政的内涵与特征、课程思政的价值与内容；第二章为高校思想政治教育改革的形势，主要阐述了高校思想政治教育的现状、改革形势、改革的新发展等内容；第三章为高校课程思政建设的现状分析，主要阐述了高校课程思政建设取得的成效、主要问题等内容；第四章为高校课程思政建设遵循的原理，主要阐述了认识论原理、马克思主义基本原理等内容；第五章为高校思想政治教育与课程思政协同发展的现状，主要阐述了高校思想政治教育与课程思政协同发展的成效、现实困境等内容；第六章为高校思想政治教育与课程思政协同发展的意义与路径，主要阐述了高校思想政治教育与课程思政协同发展的意义、路径等内容；第七章为高校思想政治教育与课程思政协同育人的实践探索，主要阐述了高校思想政治教育与课程思政协同育人的路径和机制等内容。

　　本书在撰写过程中，参考、借鉴了国内外很多相关的研究成果以及著作、期刊、论文等，在此对相关学者、专家表示诚挚的感谢。

　　由于本人水平有限，书中有一些内容还有待进一步深入研究和论证，在此恳切地希望各位同行、专家和读者朋友予以斧正。

作者

2023 年 4 月

目录

第一章 绪论

近些年，随着社会主义市场经济的高速发展，社会在不断地进步，对于人才思想的培养越发重要，为了培育更多具有独立思想、创新思维的人才，高校思想政治教育和课程思政的协同发展就显得十分必要。本章分为高校思想政治教育概述、高校思想政治教育价值、课程思政的内涵与特征、课程思政的价值与内容四部分。

第一节 高校思想政治教育概述

一、高校思想政治教育的本质

思想政治教育是在人类社会漫长的发展进程中产生、形成和发展的，由于时代和历史背景的差异，思想政治教育在名称方面有所不同，但它作为一种社会意识形态，是普遍存在于人类社会中的，也是一种带有一定政治性的特殊社会实践活动。马克思、恩格斯认为，如果一个阶级的物质力量在社会上占据了统治地位，那么它的思想也必然在社会上占据统治地位。从人类社会发展历史来看，当一个阶级掌握了统治权后，为了维护和巩固本阶级的统治，必然要通过各种途径和手段有目的性地对其社会成员开展阶级性意识形态工作，以使其社会成员形成符合本阶级利益与意志的思想政治品德，增强社会的凝聚力和向心力，从而达到规范社会公共秩序的目的。例如，在中国古代长达两千多年的封建专制统治期间，统治阶级始终把倡导"仁政""礼治"等思想观念的儒家思想作为对人进行道德教化的主要内容，从而实现对社会思想的整合，这对当时的统治阶级维持社会稳定起到了非常重要的作用。中国共产党成立后，更是将思想政治教育工作放在了突出位置，始终把它作为完成党和国家各项工作、培育合格公民的重要途径和手段。

关于思想政治教育的概念，学者们从不同的视角给出了不同的界定。学者郑永廷、张彦等指出，"思想政治教育实际上是教育者根据社会发展和受教育者个体发展的需要，以那些正确的思想道德观念作为指导思想，在促进社会和学校智育、体育发展的过程中不断提高学生思想道德素质和坚持全面发展的过程"[①]。这一观点强调了人与社会发展的统一性，却忽略了思想政治教育自身与生俱来的阶级性，没有突出思想政治教育主体和其他教育主体之间的区别。学者陈秉公认为"思想政治教育实际是以马克思主义为理论基础，研究人的思想意识形成和发展规律，以及思想政治教育实施规律的一门学科。"[②]这一观点强调了思想政治教育的科学性，却忽略了它作为一门学科正式形成到现在也不过30余年，而它作为一种特殊的社会实践活动却是由来已久，二者并不能完全等同。学者张耀灿则认为"思想政治教育是一定的社会或社会群体有目的、有计划地对其成员施加教育影响，以使其形成符合一定社会或社会群体所需的思想道德品质和政治素养的一种社会实践活动。"[③]这一观点体现了思想政治教育主体与客体的一致性、人与社会发展的一致性以及思想政治教育的目的性、计划性等特点。

二、高校思想政治教育的基本内容

简单来说，高校思想政治教育是教育者从适应社会发展要求的角度出发，针对受教育者思想的实际情况，有选择、有目的地向其传递具有价值引导性的思想政治信息。

我国高校思想政治教育是以社会主义核心价值体系为指导的，核心内容有世界观教育、人生观教育、理想信念教育等。高校思想政治教育同时也是一种教育实践活动，具有导向作用、凝聚作用、稳定作用，以及对大学生心理健康具有调节作用等。

---

① 郑永廷，张彦.德育发展研究 [M].北京：人民出版社，2006：8-9.

② 陈秉公.思想政治教育 [M].长春：吉林大学出版社，1992：2-3.

③ 张耀灿.思想政治教育学原理（第三版）[M].北京：高等教育出版社，2015：4.

高校思想政治教育包括思想教育、政治教育、法制教育和心理健康教育等内容。在对高校学生进行精神文明建设的过程中，心理健康教育的地位是不容忽视的，通过对学生进行正面的引导，让其保持健康良好的心理状态，为其他教育内容的开展提供一个稳定的心理平台，促进人的全面发展。

高校思想政治教育作为我国社会意识形态和社会成员品德的导向，以人为作用对象，帮助社会成员树立正确的价值观，协调处理人与人、人与社会发展之间的各种矛盾，促进社会创新，推动社会稳定发展。根据时代发展的要求，从爱国主义、个人发展与集体利益相结合等层面上对大学生开展教育，引导大学生保持积极向上的理想信念、法制观念等是现阶段我国高校思想政治教育的基本内容。

三、高校思想政治教育的重要特征

（一）个体性与社会性相统一

高校思想政治教育的个体性与社会性，主要通过其作用对象即"人"来体现。高校思想政治教育以人为作用对象，而个人本身是一个特殊的个体，其本身所具有的独特素质结构以及内在动力结构，使他能够成为区别他人的独特个体。然而，人的本质在于他是一切社会关系的总和，人们在实际的物质生产和生活过程中建立了一定的社会关系，从而形成了"人"的社会属性。现实生活中，虽然每个人都因自身的特质而具有一定的个体性，但每个人都没有办法完全脱离社会而独立存在，总是要处在一定的社会关系之中，因此人既具有个体性，又具有社会性。高校思想政治教育正是基于人的这种特征，运用具有一定阶级性质的思想道德观念和政治观点对生活在一定社会关系中的个人施加教育影响，从而使个人形成符合社会发展需要的思想道德素养，激发个人参与社会实践活动的热情和活力，进而影响社会的其他领域，实现人与社会的协同发展，因而高校思想政治教育也同样具有个体性和社会性。

（二）历史性与发展性相统一

高校思想政治教育的社会性特征决定了其历史性与发展性的特征。思想政治教育自人类进入阶级社会后就广泛存在于人类的生产生活之中，并且始终紧紧地跟随着社会变化和发展的脚步。高校思想政治教育的历史性和发展性主要体现在以下几个方面。

首先，高校思想政治教育实践活动作用的对象，即"人"，始终处于一定的变化和发展之中。生活在现实社会中的个人作为高校思想政治教育实践活动作用的对象并不是一成不变的，而是随着现实社会的变化和发展而不断变化和发展的，个人的情感、意志、认知和能力等各个方面也随之发生变化，这就要求高校思想政治教育要时刻跟随人和社会的发展变化而进行更新和调整。

其次，高校思想政治教育的目的和内容也处于一定的变化和发展之中。高校思想政治教育的目的、内容、方法等是根据一定社会发展的要求以及人对思想政治道德方面发展的需求来确定的，因而随着社会经济的发展、科技的进步，以及个人的成长发展等，高校思想政治教育也要不断调整自己的目的、内容、方法等，只有这样才能确保高校思想政治教育永不过时。

最后，高校思想政治教育的功能也处在一定的变化发展之中。随着社会的变化和发展，人们逐渐注意到高校思想政治教育在推动社会经济发展、营造和谐社会环境、进行文化传播和创造、调控人们的生态行为等方面发挥了非常重要的作用。高校思想政治教育具有鲜明的历史性和发展性。

（三）科学性与实践性相统一

首先，高校思想政治教育是人类长期社会实践活动的产物。早期人类在共同的生产和生活过程中，为了满足精神文化的传承以及社会人的再生产需要，产生出了原始的教育活动，与此同时，影响人的思想道德素质发展的思想政治教育活动也就此产生了，并且在人类漫长的历史长河中，思想政治教育始终紧随着社会发展的步伐，在人类的社会实践活动过程中得到了检验和发展，因而，高校思想政治教育具有鲜明的实践性和科学性。其次，高校思想政治教育主要是通过向个人传授世界观、政治观、道德观等系统理论知识，从而使个人形成符合社会发展所要求的思想政治道德意识体系，并引导个人在社会实践过程中通过行为习惯体现出来，也就是说高校思想政治教育不仅包含科学理论知识的传授，也包含社会实践活动的开展。

（四）非强制性与长期性相统一

高校思想政治教育主要通过熏陶渗透、榜样示范、咨询辅导等非强制性的方法将其所要宣传的内容融入学生的社会实践活动中，对学生的思想和行为等进行一定的引导和教化，使他们能够更好地将社会发展要求内化为自己的品德意识体系，并自觉转化为外在的行为习惯。与行政管理、法律等硬性的强制手段相比较，高校思想政治教育更倾向于运用语言、活动等软性的非强制措施去感化和引导学生，在开展教育实践活动的过程中积极营造出一种宽松和愉悦的教育环境，通过学生普遍接受和喜爱的形式去影响他们，具有"春风化雨、润物无声"的效果，这也就使得其效果的显现具有一定的长期性。高校思想政治教育往往从学生的生活实际需求出发，通过与学生进行交流、引导、激励、讨论等柔和的方式，使学生能够心平气和地接受教育的影响，逐渐发现自身的错误和不足，并自觉进行修正，从而达到改变学生思想认识的目的。显而易见，仅是一两次的谈话与交流等并不一定能够达到目的，往往需要一定的过程，使学生在潜移默化中发生转变，再者，人们将已经形成的品德意识转化为现实的实践行动也需要一定的时间，因而高校思想政治教育具有鲜明的非强制性与长期性。

四、高校思想政治教育的主要功能

（一）高校思想政治教育功能的界定

高校思想政治教育的功能在类别上可以划分为个体性功能和社会性功能。

高校思想政治教育的个体性功能也称为本体性功能，主要是指高校思想政治教育对受教育对象自身的客观影响。高校思想政治教育在维护社会安定平稳、化解社会矛盾等方面所起的效果就是它的社会性功能。社会性功能的涵盖面很广，涉及社会生活的多个方面，如政治、文化和生态环境等，能够引导社会成员坚定正确的政治观，在规范个人言行举止方面具有引导作用。

高校思想政治教育的基本功能就是通过教育引导，在潜移默化中提高学生的政治意识，使其树立正确的世界观、崇高的理想信念，不断实现自我的发展与突破。

（二）高校思想政治教育功能的特征

高校思想政治教育功能的特征，源于思想政治教育的学科属性、学科使命、学科发展。目前来看，高校思想政治教育功能的特征，大致可以总结为客观性、发展性、多样性。

1. 客观性

客观性与主观性相对立，是指事物不依据主观意识与思想的变动而变动的独立存在的属性。所谓高校思想政治教育功能的客观性，主要表现为其形成的客观性、存在的客观性以及实现的客观性。首先，形成的客观性。进入阶级社会以来，思想政治教育活动便作为一种教育现象，客观存在于社会发展中，并伴随着人与社会的发展而发展。思想政治教育功能是思想政治教育活动与效果的外在呈现，其蕴含在思想政治教育活动的全程中。因此，高校思想政治教育功能的形成具有客观性。其次，存在的客观性。高校思想政治教育活动的客观存在性决定了其功能的客观存在性。高校思想政治教育功能存在的客观性是指其不以人的意志为转移。任何一项社会活动都具有其最初的旨意与目的，高校思想政治教育活动的目的就是坚持主流意识形态的主导与灌输，那么其功能的发挥主要是实现对社会成员进行意识形态的引领与调整。由此看来，高校思想政治教育功能的客观存在性是其活动的目的与意义赋予的，而非根据主观性架构的。最后，实现的客观性。高校思想政治教育功能形成的客观性、存在的客观性决定了其实现的客观性。高校思想政治教育之所以长期存在并将继续存在和发展，就是因为它对人的全面发展和社会的发展进步有着不可忽视的重要功能。这种功能是客观存在的，人们只能影响这种功能发挥的水平和程度，而不能无视它或人为地消灭它。同时，高校思想政治教育功能发挥与实现的效果，不仅仅以社会成员是否承认为标准，还受一定物质基础和社会环境的影响。因此，高校思想政治教育功能的发挥与实现也具有客观性。

2. 发展性

高校思想政治教育功能并非一成不变的，其主要随着社会需求的变化而变化。高校思想政治教育功能所具有的发展性主要表现为传统功能的优化、现有功能的强化以及新兴功能的出现。

首先，传统功能的优化。自从人类社会出现思想政治教育活动，其功能便开始发挥作用。高校思想政治教育的传统功能在实现人的全面发展、推动社会进步方面存在着重要价值。随着中国特色社会主义进入新时代，思想政治教育的传统功能也逐渐得到优化，并实现从传统到现代的转变。

其次，现有功能的强化。对高校思想政治教育的现有功能进行强化，也是其发展性特征的主要表现。例如，现阶段高校思想政治教育的生态功能不仅仅只限于对受教育者进行生态意识的培养，还在于鼓励其参与到生态保护的社会实践中。

再次，新兴功能的出现。近年来，随着社会的快速发展，高校思想政治教育的现代性特征也更加明显，这在一定程度上推动了新兴功能的出现。各种新兴功能如雨后春笋，助推了高校思想政治教育功能的发展。

3. 多样性

高校思想政治教育功能的多样性特征主要表现在其功能类型是多样的。从个体与社会的角度划分，可将其划分为个体性功能与社会性功能；从本体与具体的角度划分，可将其划分为本体功能与具体功能，其中具体功能一般是本体功能的衍生物；从发挥效果的角度划分，可将其划分为正功能、负功能与零功能；从服务领域划分，可将其划分为经济功能、政治功能、文化功能以及生态功能等。

五、高校思想政治教育的载体分析

（一）高校思想政治教育载体的概念

在思想政治教育领域，思想政治教育载体这一概念于 1992 年提出，但在此之前已有对于思想政治教育载体的研究，主要依托于"路径""方法""途径""方式""手段"等研究中。伴随着思想政治教育学科相关理论研究的不断深化，对于思想政治教育载体的研究从关于思想政治教育途径、方式、方法等研究中分化出来，作为独立研究对象。概念是反映事物一般属性和本质特征的一种思维方式，关于思想政治教育载体的概念，学者们根据其表现出来的一般属性和本质特征，从不同角度进行了论述，大致分为活动论、中介论、要素论等观点。活动论观点认为思想政治教育载体是在思想政治教育过程中，为实现特定的教育目的，承载着思想政治教育信息，连接主客体并使其发挥作用的活动形式。中介论观点认为思想政治教育载体作为承载教育内容的工具性要素，是实现思想政治教育目标的手段和中介。要素论观点认为思想政治教育载体作为连接教育者与受教育者的桥梁，是思想政治教育的基本要素之一。

各种观点对于思想政治教育载体的概念表述不同，但普遍认为高校思想政治教育载体必须同时满足两个基本条件：一是高校思想政治教育载体必须承载着特定的教育内容，并且可以被思想政治教育者操作。二是高校思想政治教育者和受教育者被这种形式所连接，并且借助这种形式互动。高校思想政治教育载体只有满足了这两个基本条件才能发挥其功能，思想政治教育者与受教育者之间的互动才是有效的，也只有当它们有了明确的思想政治教育指向性，蕴含着思想政治教育内容以后，才可以作为思想政治教育载体。

（二）高校思想政治教育载体的形态

1. 课程载体

课程是指学校学生所应学习的学科总和及其进程与安排。课程载体就是承载着思想政治教育信息，通过教育者的课程教授来影响受教育者的思想道德修养的教育形式。高校课程载体从其内容上可分为思想政治理论课、专业课、人文素养课等；从其外在表现形式可以分为线上课程和线下课程；从其作用方式又可分为理论课程与实践课程等。

在高校思想政治教育中，思想政治教育理论课程是高校思想政治教育的主渠道，以系统化的形式对大学生进行思想政治教育。其他课程则是隐性思想政治教育课程载体，是在对基本知识传授的基础上蕴含着科学精神与人文素养的课程载体，主要是根据课程受众的特点进行思想政治教育信息的渗透，与思想政治教育理论课程协同发力。正如习近平总书记在全国高校思想政治工作会议讲话中所指出的，做好高校思想政治工作"要用好课堂教学这个主渠道，思想政治理论课要坚持在改进中加强，提升思想政治教育亲和力和针对性，满足学生成长发展需求和期待，其他各门课都要守好一段渠、种好责任田，使各类课程与思想政治理论课同向同行，形成协同效应"①。

---

① 习近平.把思想政治工作贯穿教育教学全过程 开创我国高等教育发展新局面 [N]. 人民日报，2016−12−09.

2. 活动载体

活动载体是指教育者为达到一定的教育目的，有意识地开展各种活动，寓教育内容于活动之中，使受教育者在活动中受到教育。

高校思想政治教育活动载体，则指在开展思想政治教育的过程中，教育者（主要是辅导员、班主任群体）为提高高校思想政治教育的实效性，有意识地传递思想政治教育内容所开展的各类活动。在高校思想政治教育实践中，活动载体形态繁多，按开展主体的不同可分为党建活动、团建活动、班级活动、公寓活动、社团活动、就业指导活动、心理健康教育活动等；按其形式可分为文体娱乐活动、参观访问活动、志愿服务活动、实地考察活动等；按其开展范围又可分为社会实践活动、校园文化活动。

活动载体作为高校思想政治教育实践育人的重要载体，具有参与性、目的性、实践性、趣味性、开放性、生动性、形象性等特征，是在高校思想政治教育中运用较为广泛的载体。从个体功能看，设计合理的活动载体有利于在潜移默化中引导大学生树立正确的价值观、世界观、人生观，促进个人的道德发展，有利于培养具有社会责任感、实践能力、创新精神的人才。从社会功能看，把先进文化寓于思想政治教育活动载体的运用中有利于社会主流价值观的传播，也有利于先进文化、先进思想的传播。

3. 校园文化载体

文化具有自在的育人效用，文化自在的育人效用是为了弥补人类自身的"非限定性"缺陷，进而不断提升人们认识世界和改造世界的能力。

校园文化作为高校思想政治教育的重要载体，是指以学生为主体，以校园为主要空间，以校园精神为主要特征的一种群体文化。校园文化作为开展思想政治教育的重要载体，是以校园精神为底蕴，以潜在的、渗透的、持久的力量影响着受教育者的思想道德与行为方式，属于隐性思想政治教育载体，同时具有鲜明的时代特点、校际特征和地域特色。

校园文化载体包括校园物质文化载体、校园精神文化载体两种形态。一是校园物质文化载体，主要是指校园中与文化有关的硬件建设部分，如校史馆、图书馆、人文景观形态、校园建筑风格、校园生态环境、教学设施、学生公寓、学生生活社区等，这些物质形态都是校园历史与校园文化的产物，从视觉、心理及使用感受上潜在地感染人、影响人。二是校园精神文化载体，主要是指学校的校风、校训、校歌、教风、学风等学校软件建设部分，这些精神形态是学校在长期的办学过程中所形成的校园文化氛围。

校园文化载体以潜在的、持久的、渗透的方式影响着教育者与受教育者的思想观念，满足着教育者与受教育者的多样化需求，在思想政治教育实践中发挥着重要作用，有着培养情操、陶冶情操、愉悦身心、塑造灵魂的功能。此外，健康向上、形式多样、格调高雅的校园文化载体使学生的个人信念、价值观念、思想意识、精神境界、审美素养、道德品质、文化自信在潜移默化的影响中得到塑造。在现实的育人实践中，各高校也在不断地建设校园文化载体，优化校园精神文化氛围，提升校园物质文化质量，以最大限度地发挥校园文化载体对教育者与受教育者的正向影响。

六、高校思想政治教育的战略地位

思想政治教育是高校教育者向大学生进行马克思主义理论教育的基本路径，在校大学生通过系统学习思想政治教育，帮助自身更好地领悟马克思主义理论的核心内涵，在此基础上树立正确的世界观，学会掌握科学的方法论来提高自己认识和改造世界的能力，将马克思主义转化为巨大的物质力量。

思想政治教育是以人为对象的教育，目的是提高人的积极性和创造性，而中国特色社会主义的每样工作都需要人去做，只有掌握好思想政治教育这一中心环节，将高校各项业务工作与之紧密联合起来，充分发挥思想政治教育在其中的"润物无声"的作用，为圆满完成各项管理工作任务提供理论上的指导。

思想政治教育是以马克思主义为理论指导，具有科学性和实践性，也体现出社会主义制度的优越性。高校思想政治教育是着力培养新时代大学生具有正确的核心价值体系，提高自身政治意识，坚定立场观念，保证高校稳定运行和学生健康发展的根本措施。

七、高校思想政治教育的理论依据

（一）马克思主义关于人的自由全面发展理论

"人的自由全面发展"理论是马克思主义人学理论的最终价值诉求，也是新时代高校思想政治教育质量提升的核心要义。马克思和恩格斯曾指出，个人的全面发展就是"全面地发展自己的一切能力"，其中最高层次的需要则是实现人的全面发展[①]。

面对多元文化思潮的风云变幻，基于追求人类社会的进步与发展，需要明确全面发展的重点领域，才能更好地保障社会和人发展的协同。首先，人的需要的全面发展。马克思认为，不同时代、不同阶段，人的需要的层次和多样性也各不相同，但必须要为社会发展创造价值，满足各个阶段人们发展需求的殷切期盼。例如，新时代要满足人们对美好生活的殷切盼望。因此，在不同的社会发展阶段给予人们不同的教育是非常有必要的。其次，人的能力的全面发展。在社会化过程中，个人为了更好地适应社会，成为社会人，必须牢牢抓住人生发展的黄金期，增长才干。因为稳步提升综合实力，是人类社会奋进时代的发展要求。由此可见，人类社会在探索突破中前进，要明确方向，鼓足干劲，扩展眼界，注重自身才能的积淀，才能在搏击风浪的人生中，不断向成功靠拢，实现自我价值。最后，社会关系的全面发展。人的自由全面发展是健全社会关系的切实回应。深化社会关系的协调发展，其重要性在于将现实的人的全面发展作为根本价值取向，坚持系统发展论，理顺顶层设计与现实之间的辩证关系，引领青年实干兴邦。

在新时代，人的全面发展理论强调要满足人的发展和成长需要，打实青年发展之基，锤炼高尚品行，重视各方面的综合素质，尊重主观能动性，注重人生体验，实现人生价值，才是新时代做好高校思想政治教育工作的关键所在。

（二）恩格斯的社会发展合力论

作为唯物史观的重要组成部分和基本方法，恩格斯的社会发展合力理论的内涵十分丰富、外延非常广阔。而实施全方位育人的一个重要依据就是恩格斯的社会发展合力思想，它既是世界观又是方法论。

社会发展合力理论主要包括以下内容。

（1）要重视社会合力的整体功能。社会生活中存在的一切因素都属于社会

---

① 马克思恩格斯列宁斯大林著作中共中央编译局.马克思恩格斯选集（第1卷）[M].北京：人民出版社，2012.

动力系统要素。这些要素对教育的影响乃至社会进步发展的影响都是巨大的，这些因素在相互作用中糅合成一个系统的、全面的整体，由此发挥着社会合力的整体性功能。因而这就要求我们在育人的过程中，实施全方位育人，注重社会各要素之间协调配合、协同育人，使社会整体处于健康、稳定的状态，由此发挥出最大的育人功效。

（2）要坚持全面的观念。社会合力理论要求我们必须全方位重视社会中各种动力因素。不仅要看到决定性因素，如政治、经济因素等经济基础的作用，还要重视其他方面因素的作用，如方针、政策、制度等上层建筑层面的作用。教育的主要目的是促进人的发展，而进行这项复杂的活动，也必须坚持全面的观点，依靠社会合力、多方协同配合，才能实现预期目的。

（3）要重视精神因素的递增和主体力量的作用。人是历史的创造者，而人在创造历史的过程中主要依据来源是他所具备的精神力量。在社会的发展进步中，人的精神因素和主体力量发挥了越来越重要的作用。

恩格斯的社会发展合力论蕴含深刻而广泛的核心内容，这不仅给育人工作提供了理论支撑，而且为提升育人实效提供了正确的方向路径。全方位育人内化了社会发展合力论，以全方位视角，在重视社会合力整体功能的基础上，全面覆盖所有育人空间场域，在坚持全面、系统观点的基础上，实现全面渗透式育人，不断强化育人实效。

八、高校思想政治教育主客体分析

（一）高校思想政治教育主体

思想政治教育主体是指对受教育者进行教育和引导，以期通过思想政治教育实践活动使其逐渐符合社会发展要求的教育者。个体与群体是高校思想政治教育主体的两种基本形式，二者的功能发挥和基本特征不尽相同。

高校思想政治教育主体具有以下三方面的基本属性：首先，主导性是高校思想政治教育主体的首要属性。从根本上讲，这是由高校思想政治教育主客体的基本定位所决定的，高校思想政治教育主体必须在思想政治教育活动中处于主导地位，将教育目的细化并落实于其发起的思想政治教育活动中。其次，示范性是高校思想政治教育主体的基本属性。高校思想政治教育主体往往具备较高的思想道德和政治素养，是思想政治教育客体学习的直接对象。在主客体的交往互动中，高校思想政治教育主体若以"率先垂范"的姿态引导思想政治教育客体，其示范性将发挥重要作用。否则，高校思想政治教育活动就可能流于形式，变得简单僵化。最后，创造性是高校思想政治教育主体的重要属性。创造性是高校思想政治教育主体发挥其主体性的重要表现。在高校思想政治教育过程中，结合不同教育对象、教育内容或教育环境的具体特点，思想政治教育主体通过不同教育方法、教育载体发挥其自身的创造性，将直接促进思想政治教育实效性的提升。

（二）高校思想政治教育客体

作为高校思想政治教育活动的接受者，思想政治教育客体是指接受教育者的教育和引导，参与思想政治教育实践活动使其逐渐符合社会发展要求的教育对象。与思想政治教育主体的两种基本形式相对应，思想政治教育客体也有个体与群体两种形式，针对其不同的基本特征，对思想政治教育介体层面的运用也不尽相同。

高校思想政治教育客体的基本属性表现在以下三个方面：首先，受动性是思想政治教育客体的首要属性。无论从哲学层面出发，还是从教育活动的特点入手，受动性均为客体的首要属性。在高校思想政治教育活动中，客体是接受教育活动的对象，服从、配合教育者的教育安排。受动性是思想政治教育客体的首要属性，这是由其地位所决定的，当然也不能忽视其主动性、能动性和创造性，这是一个问题的两个方面。其次，能动性是思想政治教育客体的基本属性。这是其作为"现实的人"在思想政治教育活动中的基本角色决定的，从一定程度上说，思想政治教育客体是思想政治教育的"服务对象"。因此，其主动性、创造性的发挥，对于思想政治教育主客体良好互动、思想政治教育活动整体开展具有重要意义。需要特别指出的是，这样的能动性虽值得肯定，但不会影响思想政治教育主客体的基本定位，更不会直接演变为"双主体"甚至"多主体"。最后，可塑性是思想政治教育客体的重要属性，是思想政治教育主客体良性互动的基本前提，正是因为对思想政治教育客体可塑性的重视，思想政治教育主体才会充满希望、不遗余力地设计和推进思想政治教育活动。受教育者的思想素质和道德水平处于不断的发展之中，并在不同阶段呈现出不同特点，这就是其可塑性的重要体现。

（三）高校思想政治教育主客体关系

学界对思想政治教育主客体关系的认识主要由三种代表观点组成：其一是思想政治教育单主体论。其下大致分为两派：一派认为只有教育者是思想政治教育活动的主体，另一派认为只有受教育者是思想政治教育活动的主体。前者强调了教育者的主导地位，但在一定程度上忽视了受教育者的能动性；后者将受教育者作为主体，使得思想政治教育活动的正常秩序出现了颠倒。其二是思想政治教育双主体论。这种观点认为思想政治教育实践中"现实的人"都应作为主体，对于"教育者单主体"来说无疑是一种进步，但是任由其发展对教育者的职能发挥将是一种干扰，思想政治教育活动的正常秩序仍不能得到保障。在双主体论的基础上，有学者进一步提出了"双向互动说"理论，提出了教育者与受教育者在不同教育过程中的主体地位，这种看法有一定的理论价值，但存在使完整的思想政治教育活动分裂为"两张皮"的理论缺陷。其三是思想政治教育主体间性说。这种观点作为对前两种观点的超越，获得了学界的广泛支持。主体间性说指出教育者与受教育者是共在主体，其基本立场是"我们"，将教育内容看作客体。这一观点虽然超出了对思想政治教育主客体的基本界定，但其倡导的理念对于我们认识和把握思想政治教育主客体及其关系大有裨益。

第二节　高校思想政治教育价值

一、价值及思想政治教育价值的内涵

（一）价值的内涵

价值问题是探讨一切实际问题的切入点，更是探讨思想政治教育价值实现路径的逻辑起点，因此，我们首先要做的就是准确把握"价值"的基本内涵。

"价值"一词起源于西方，在不同的领域有不同的表述，如经济领域的经济价值、政治领域的政治价值、文化领域的文化价值、社会领域的社会价值、社会科学领域的哲学价值等。这其中最普遍、最基本的内涵在于指出人类对于自己生存与发展的维系与促进，它是作为人类一切实践活动要素中最核心的、本质的东西，包含任意的物质形态。价值的存在是人类在各种具体的实际生存环境中最具有规律性和本质性的存在。

马克思主义的科学理论作为指导我国各项事业建设与发展的重要指导思想，自中国共产党成立延续至今，因而我们对于"价值"内涵的界定，更多是从哲学的领域来定义的。从某种角度上讲，价值对应的是一种关系范畴，且这种关系范畴并不是实体的，是实践主体与实践客体两者之间相互对应的效用关系，它只有在现实的社会实践活动中才会产生。

简而言之，价值是指以客体自身的基本属性为基础的，以适应、满足或实现人类自身生存发展所需要的客观的主客体关系。

（二）思想政治教育价值的内涵

要讲清楚思想政治教育价值的内涵，首先要认识思想政治教育的涵义，我国学术界普遍认同的是学者张耀灿、郑永廷等对其的定义，即"思想政治教育是指社会或社会群体用一定的思想观念、政治观点、道德规范，对其成员施加有目的、有计划、有组织的影响，使他们形成符合一定社会或一定阶级所需要的思想品德的社会实践活动"[1]。它有助于我们在一般层面上去认识理解思想政治教育的价值。

学者黄小华在《思想政治教育价值实现理论述评》一文中提到"思想政治教育价值问题，简单地说，讲的就是思想政治教育结果好坏问题，那么其价值的实现问题，讲的就是思想政治教育如何转化为接受者内在需要的问题"[2]。思想政治教育价值是马克思主义理论学科思想政治教育专业中价值的具体表现形式之一，从价值的具体内涵出发，可以找到思想政治教育价值的基本内涵。而对于思想政治教育价值的理解，武汉大学项久雨教授就给出过一个学术界较为认可的权威界定。他认为，思想政治教育价值，即是指"人类在思想政治教育实践活动中建

---

① 张耀灿，郑永廷，等.现代思想政治教育学 [M].北京：人民出版社，2001.
② 黄小华.思想政治教育价值实现理论述评 [J].探索，2011（03）：133-137.

立起来的，把人类思想政治品德形成和其自身发展规律为标准的一种客观的主客体关系，更是思想政治教育自身的存在及其性质能否与人的本性、目的以及发展需要等相一致、相接近、相适合的关系"①。

思想政治教育价值是指人们在思想政治教育实践的基础上所获得的，以适应人类自身的生存发展需要为尺度，与实践活动对象所建立起来的客观的主客体关系，即指思想政治教育活动对人类自身以及整个社会的发展有进步意义的关系，更是指对人的效益。

二、高校思想政治教育的价值

（一）塑造大学生的理想信念

人在不断发展与进步的过程中离不开理想信念发挥的巨大作用。大学时期作为人生发展的重要阶段，作为学生从学校过渡到社会的重要阶段，理想信念的塑造显得尤为重要，尤其是当代大学生肩上所担负的使命与任务更加沉重和艰巨，我们就更要重视大学生的理想信念的塑造。

理想信念的塑造能够指引大学生的人生方向。理想信念是多种多样的，大学生的发展也总是在不断地实现自身理想信念的过程中得到成长。一方面，理想信念的塑造指引大学生短期的人生方向，即努力学习，扎实其理论功底，完成学习目标，成长为有真才实学之人。另一方面，理想信念的塑造指引大学生长期的人生方向，即成为社会主义现代化事业合格建设者与可靠的接班人，成为实现中华民族伟大复兴中国梦的逐梦人，成为共产主义事业的终身奋斗者。习近平总书记在同各界优秀青年代表座谈时强调，"广大青年一定要坚定理想信念。'功崇惟志，业广惟勤。'理想指引人生方向，信念决定事业成败。没有理想信念，就会导致精神上'缺钙'"②。那么，大学生作为青年的一部分，同样需要理想指引人生方向，需要信念支撑事业奋斗。

理想信念的塑造能够提升大学生的奋斗动力。理想信念作为人的需要的一种体现，归根结底来源于人的需要，新时代大学生作为社会性的人，必然有着其自身的发展需要，要实现其自由而全面的发展就离不开需要。理想信念的塑造能够

---

① 项久雨. 思想政治教育价值论 [M]. 北京：中国社会科学出版社，2003.
② 中共中央文献研究室. 十八大以来重要文献选编（上）[M]. 北京：人民出版社，2014.

在大学生实现其自由全面发展的过程中为其提供源源不断的动力。一方面，大学生的成长总是伴随着其不断地实现自身的各种理想，旧理想的实现就要求新理想的产生，正是由于这些理想的不断产生，让大学生有着新的需要，从而促进其在自身的发展过程中不断进步。另一方面，大学生思想意识的成长容易受到各种思想与意识的影响，其中不可避免掺杂着一些不好的思潮，在一定程度上阻碍了大学生的成长。因此，大学生更需要有理想信念为其提供奋斗动力，排除万难，实现自身的全面发展。

（二）培养大学生的民族精神与时代精神

民族精神与时代精神为大学生成长指引了正确的发展方向。民族精神和时代精神作为一种精神力量在大学生的成长过程中起着重要的作用。民族精神与时代精神的弘扬能够加强大学生的国家认同感与民族认同感，从而让大学生从内心明确自身在国家与社会中的责任与身份，通过民族精神与时代精神在大学生中发挥弘扬价值，大学生能够清晰地认识到自己的角色定位，明确自身是实现中华民族伟大复兴的追梦人，是实现中国特色社会主义现代化建设的接班人。通过民族精神与时代精神的教育，大学生对自身民族与时代身份与责任的肯定，使大学生朝着正确的方向成长。

民族精神与时代精神为大学生成长提供精神动力。民族精神与时代精神作为中国特色社会主义文化中的重要组成部分，在大学生的成长过程中发挥着重要的作用。大学生在成长过程中担负着各种各样的角色，除了是他自己以外，还是民族的未来与国家的希望，因此在大学生的成长过程中需要一种精神力量为其提供源源不断的动力，以此来激励他们克服成长道路上的各种困难，而民族精神与时代精神就是支撑大学生成长的动力源泉。

（三）提升大学生的综合素质

大学生综合素质的提升不仅仅是其实现自身全面发展的必然要求，也是对大学生成长为时代新人的要求。习近平总书记曾强调，"青年一代的理想信念、精神状态、综合素质是一个国家发展活力的重要体现，也是一个国家核心竞争力的重要因素"[①]，促进大学生综合素质的提升，既是国家核心竞争力的重要因素，也

---

① 习近平. 在北京市八一学校考察时的讲话 [N]. 人民日报，2016-9-10.

是衡量思想政治教育价值实现的重要因素。

　　提升综合素质是大学生实现自身全面发展的需要。作为有理想、有追求的群体，发展是其最高层次的需要，大学生要实现自由全面的发展，就要提升综合素质。一方面，综合素质的提升能够保证大学生实现全面的发展。实现全面发展必然要求综合素质得到全面且深刻的提升，综合素质中的思想政治道德素质为大学生的全面发展提供了正确的发展方向，专业素质为大学生的全面发展提供了专业理论与技能支持，审美素质为大学生的全面发展提供了科学的审美能力，身心素质为大学生的发展提供了物质与精神载体。另一方面，综合素质的提升是大学生实现全面发展的重要标志。大学生要实现全面发展就必然要求自身的综合素质得到切实的提升，综合素质的提升与否可以作为全面发展的重要检验标准。

　　大学生要适应社会与时代的发展，成长为能担当民族复兴大任之人也要求其提升综合素质。一方面，提升综合素质是大学生适应社会与时代发展的需要。当今时代社会发展迅猛，对于人才的要求也与时俱进，新时代大学生要想融入社会，在社会中实现自身的价值，就需要不断提升自己的综合素质，将被动适应转换为主动发展，在基于社会需求与自身实际情况的基础上不断发展，提升自己各个方面的素质，才能在任何时候做到不被社会所淘汰。另一方面，提升综合素质是大学生担当历史使命的必然要求。新时代的大学生，是未来社会建设的中坚力量，因此，社会对新时代的大学生素质提出了更高的要求。同时，作为接受高等教育的学生群体，国家和社会对大学生投入了大量的物质和人力资源，新时代的大学生应该承担起相应的社会责任，只有不断提高自身的综合素质，才能承担起建设国家的任务和实现中国梦的使命。

第三节　课程思政的内涵与特征

一、课程思政的提出背景

　　近年来，社会环境越来越复杂，也越发多元化，在这种环境下，党中央始终将思想政治教育工作放在重要位置，尤其是十六大以后，党中央为了进一步推进高校的思想政治教育工作，围绕高校思想政治教育进行了工作计划的制订，并进行了相关工作安排。

上海自 2014 年以后，德育在教育体系中的地位越来越高，上海教育团队也围绕如何高效地开展课程思政工作展开了研究，为了更好地完成"立德树人"的各项工作要求，上海高校在通识教育中向学生开展"中国系列"的课程，"中国系列"课程的主讲老师为我国的一些名师大家，课程的主要内容是围绕我国建设发展的成就对学生进行知识的普及和价值观的升华，而这种课程的开发便是课程思政理念的雏形。

上海市委、市政府在 2014 年下达了《上海市教育综合改革方案（2014 —2020 年）》（简称《方案》)，《方案》中指出，改革的主要目的就在于加强三个制度体系建设，其实就是要在教育体系中加大对社会主义核心价值观的执行力度，将社会主义核心价值观贯彻到教育的全过程中，并在教育教学的过程中充分体现出社会主义核心价值观的内涵，发挥社会主义核心价值观对学生的引导作用，加强对学生的精神教育。另外，还要提高对思想政治教育相关教育资源的利用效率，加强和推进思政体系的建设，提高体系的全面性和完整性。如果从国家意识形态战略的角度出发，对于思政课堂的开展要从两个方面进行：一方面，首先是要注重提高学生的综合素质，其次是对学生专业能力的教育和培养，还要注意在进行理论知识教育时，带领学生树立正确的价值观，践行社会主义核心价值观；另一方面，相关教育者也要注意对教育课程体系的建立，提高教育体系的整合性，在各个不同的课程中建立深层次的联系，确保思想政治教育工作具有一定的可行性、高效性和实际性，提高课堂教育的全面性、普及性和实效性。

至此，课程思政理念正式提出，课程思政的本质是在不同课程的学习当中融入思想政治教育，这不仅包括思想政治教育的理论知识，还包括思想政治教育的理念、思想以及其核心，而非单独开设专门的思想政治教育课程，这可以在一定程度上对学生产生积极的影响，最大化地体现出开展思想政治教育的意义和价值。

二、课程思政的概念

首先，"课程"一词最早是指"伟大的事业"，与现在涵义并不相近。宋代朱熹所提到的"宽着期限，紧着课程"中的"课程"是指功课与教学进程，其涵义是与现在相近的。随着教育的发展和学者的不断拓展，关于课程也出现了学科说[①]、目标说[②]以及经验说[③]等相关解释。我国学者将课程定义为"学生通过学校教育环境获得的旨在促进其身心全面发展的教育性经验"[④]。

关于思政，可以理解为"思想政治工作"和"思想政治教育"。从内涵上看，"思政工作"指某一阶级或政治团体凭借某些特定的思想政治理论，指导民众等进行思想政治活动，以达到自己的政治目的，维护自己的政治统治，完成一些政治性工作如阶级斗争、政权建设、组织政党、动员群众参政等[⑤]。"思政教育"则是指"特定的团体（阶级、政党、社会群体等）通过有目的、有计划、有组织的特定手段对成员施加影响，使其形成该阶级社会所需要的思想品德的活动"[⑥]。由此可见，思政工作和思政教育是不同的，思政工作的外延比思政教育的外延更广，思政教育属于思政工作的基本内容之一。

课程思政并不是简单的"课程"+"思政"，而是在这两者的基础上有着更广泛而深刻的含义。课程思政的实质是将高校思想政治教育融入课程的各个方面，课程思政并不是简单的增设一门课程，也不是一项活动。

还有学者认为，课程思政的建设需要发挥教师的主体力量，需要高校教师在对学生进行知识传授的过程中，帮助学生将所学到的知识转化为内在的德行以及驱动力量。不同学者对课程思政有不同的理解，综合上述学者的不同概念解释，可以总结出课程思政的基本内涵，即课程思政并非单独增设的课程，也非思想政治教育有关的活动，而是一种教育理念，这个理念的主体是教师，需要发挥教师在课程上的主体作用，对学生的价值观进行有效引导，使学生在知识和能力得以提升的同时，受到政治熏陶、道德浸润、思维启迪，把学生培养成具有家国情怀、道德品质、文化素养的德才兼备、全面发展的社会主义事业接班人。

① 钟启泉. 现代课程论 [M]. 上海：上海教育出版社，1989.
② 张华. 课程与教学论 [M]. 上海：上海教育出版社，2001.
③ 靳玉乐. 现代课程论 [M]. 重庆：西南师范大学出版社，1995.
④ 靳玉乐. 现代课程论 [M]. 重庆：西南师范大学出版社，1995.
⑤ 仓道来. 思想政治教育学 [M]. 北京：北京大学出版社，2004.
⑥ 张耀灿. 现代思想政治教育学 [M]. 北京：人民教育出版社，2001.

三、课程思政的目标

高素质人才队伍的有序培养、实现中华民族的伟大复兴，是我国高校所有课程的目标。课程思政不是一个简单的教学课程，而是将立德树人完美融合于专业课中，完成社会主义价值观认同教育，可以逐步引导学生认识到我国所坚持的政治理论价值，能够让学生更好地感受中国特色社会主义制度的无限优势，了解国情，增加学生的责任意识，让学生了解自己推动民族复兴时所扮演的角色。在推进课程思政的建设上，教师在任何一个组成内容的构建上，都应当多层面、宽领域地突出育人的实际功能，这样才能建立起以课程思政为支撑的育人格局。和以往的思想政治课相比，课程思政具有更加明显的不同，它能够深层次体现政治认同感，能够显著增强国家意识，可以让文化自信更好地流露出来，在凸显公民人格上也有着独到优势，更为关键的是，它格外重视立德树人理念的践行。在当前高校教育当中，课程思政的建设，可以让学生从全局来把握一切，对于学生的全面成长非常有帮助，能够让学生从时代发展的角度来思考社会和人生，从而将自己的人生与国家的改革发展和民族复兴结合起来。在课程建设标准上，课程思政要整合课程建设标准和课程教学手段，突出思想政治教育元素，引导学生应用好党的政治理论对经济社会发展中的困难问题、矛盾挑战进行透彻研判，坚定政治理论层面的自信。同时，深层次了解我国社会主义核心价值观，把握公平正义的基本内涵，以此凸显民生在经济社会发展中的基础性地位。在新时期课程思政整体建设上，我们要致力于建设高水平的教学队伍，强化对教学队伍的支持，开展丰富多彩的教育培训、外部进修等，持续提升教学队伍的专业水平，不断突破教学队伍的实践，从而以过硬的思想政治修为服务于课程思政建设，服务于学生学习成长的基本需要。让教学团队成为思想理念先进、经验丰富、综合能力较强、勤勉探索、勇于创新的师资队伍。

四、课程思政的特征

（一）多元性

所有课程都具有育人功能，课程思政涉及的课程众多，不仅包含专业课程，还涵盖公共课程和实践课程，所涉及的课程都有进行思想政治教育的独特优势，尤其是专业课课时多、教师数量多，所有教师、所有课程共同承担起育人的职责，发挥育人的功能，能弥补高校思想政治教育的单一性。由此可知，高校课程思政实践在各门课程做好知识传授和技能培养的前提下，发挥各门课程的优势来实现价值引领，将专业教育所特有的感染力与吸引力转化为课程思政的亲和力。值得注意的是，课程思政的多元特点要发挥出育人功能，高校领导要进行宏观把控，做好顶层设计，在物质、制度等方面做好保障和统一规划，才能避免把多元性变成杂乱性，避免背离课程思政实施的初衷。

（二）深刻性

课程思政是一次深刻的教育改革，具有鲜明的政治立场。课程思政引导学生的政治立场、理念和品格，具有广泛的影响力。课程思政是在教育发展和教学实践中发展出来的，它并不仅仅是政治理论课程的延伸，它不仅具有通识教育和政治思想教育的功能，还具有深远的目的和意义。课程思政的目的是使所有课程、教师都能够发挥育人功能，将学生作为中心，培育全面发展的人。课程思政的实施能够改变重智育、轻德育的观念，实现立德树人的根本教育任务。因此，从教育的角度和整个人类发展的角度来说，课程思政的目的和意义影响着教学活动的开展，具有深刻性。

（三）系统性

课程思政的理念体现了它的系统性，课程思政是一种全方位、全过程、全员育人的体系。首先，课程思政是将思想政治教育与其他专业课教学的有机结合，这就要求教师不仅要注重提升自己的专业素养，还要提升自己的德育知识和能力，使所有教师都承担起思想政治教育的重任。其次，要构建专业知识教学、综合素养教学、思想政治教育三位一体的思想政治教育体系，从而实现"思政课程"向"课程思政"的转变。总之，所有教师都要肩负起思想政治教育的职责，外化于行、内化于心，在传授知识的过程中注重对学生价值观的培养，将思想政治教育融入课堂教学的各个环节之中。

（四）自主性

课程思政实践的自主性是针对各级各类高等院校而言的，各个高校可以根据本校的特点以及办学定位，在遵循思想政治教育工作规律的基础上，制订出本校课程思政实践的内容体系和实践方案。

（五）继承性

课程思政的继承性表现在不论是专业课还是思政课，它们的目的都是传承育人，课程思政教育虽然是近几年提出来的新教育理念，但是国家一直以来都非常重视学生的思想政治教育，教师的职责应该是教书和育人，而不是单纯的教书。近几年来，高校在国家的要求下加强了对学生的思想政治教育，高校教师在落实这些国家政策时会在不知不觉中对学生进行课程思政教育，这从侧面反映出了课程思政的继承性。

（六）潜隐性

课程思政作为一种隐性思想政治教育，其在课堂教学、实践和学术研究中对学生进行的价值引领具有渗透性、潜隐性的特点。课程思政的潜隐性特征，主要表现在专业课程、公共基础课和实践类课程中的育人元素是潜藏在教材中的，尤其是社会科学类学科，以哲学社会科学为首的课程中隐含着、渗透着诸多的思想政治教育元素，高校教师通过深入挖掘各类课程中所蕴含的思想政治教育元素，将隐藏的思想政治教育资源渗透到课堂教学过程中。课程思政的潜隐性还表现在教师在对学生进行思想政治教育的方式上，是不显山不露水的渗透式的思想政治教育。

（七）整体性

课程思政的内在逻辑是定义其总体方向的综合概念。课程思政的系统构建是在"三全育人"大思政格局理念的指引下进行的具体实践范式，与其具有内在的统一性和契合性，"全育"成为整体性的具体表达。课程思政强调所有教师和所有课程均具有育人责任，要充分调动各学科教师和相关工作人员积极主动地进行思政教育，挖掘各课程中的思政元素与思政功能。课程思政的教育资源整合具有整体性，通过教育资源的系统整合，实现时间和空间的多元立体化构建，在时间上将课程思政贯穿于高校学生学习生活的全过程，在高校培养阶段形成一个持续发展的过程；空间上要求课程思政理念的落实要体现课堂教学、心理建设、校内外实践的方方面面，统筹实现高校学生素养的整体提升。凝聚课程思政建设的育人合力，注重课堂、互联网、校内外、国内外等全方位资源的有效整合，打造多维立体化课程思政模式。

（八）引领性

课程思政的引领性有两方面：第一，思想政治教育是价值观引领系统工程的核心。第二，在学科专业知识教学中，相比于知识和技能教育，思想价值引领更加重要。立德树人的重点就是思想，要用教育者的思想深度来支撑工作中的政治高度。促进学生正确的人生观和价值观的形成是思想政治教育的目的，使学生与社会和谐相处，教师必须充分发挥课堂教学的作用，从而更好地对学生进行思想政治教育。

（九）融合性

课程思政不是生搬硬套地将思想政治教育与专业课教育绑在一起，也不是重新开发一门新的课程，而是元素与功能的融合发展。一方面，各地区、各高校、各课程与思政元素的融合，在结合自身特色的基础上，挖掘各方面内在的思政元素，将思政元素与自身特色相融合，在熟悉的事物环境中融入价值塑造和意识影响，才能在实践应用中游刃有余，最大化地增效提质。另一方面，各门类课程具有自身独有的教育目标，但在课程思政中将国家意志、社会需要、学生培养等各方面要求融合的基础上，通过知识传授和价值培养相结合，培养道德、信念、能力相统一的时代优秀人才。

（十）创新性

课程思政的创新性是指它不是简单地开设思想政治课对学生进行教育，而是将思想政治有关的内容融入其他专业课和通识课教学当中，从而实现课程思政的教育理念。近些年来，一些高校根据自己的办学特色，提出了很多有关课程思政的课程理念，如复旦大学的"治国理政"理念，提出课程思政不仅仅是思想政治教育，还包括科学精神、人文情怀、现实关怀和国际视野四个方面。

第四节 课程思政的价值与内容

一、课程思政的价值

（一）育人价值

高等教育阶段实施课程思政，凸显了国家、社会对学生进行价值观培育，进而实现知识、能力与价值观有机结合的重视。这一过程有利于培养学生的价值理性，满足学生成长的需要，促进学生的品格养成。同时，这一过程能够充分发挥课程知识的内在育人价值，回归知识的历史文化情境，反思知识的质量与效用问题，分析其价值意义，提高知识的内在育人价值。高等教育阶段实施课程思政，发挥课程知识的育人价值，发挥各专业课程的育人价值，能够完善育人理念，提升育人质量。

1.有利于培养学生的价值理性

由于近代工具的飞速发展，以及信息化、智能化的发展，导致了"课程育人中意义世界的缺失"①。因此，价值理性的培育与人的智慧的形成，以及人的道德性的体现、人的情感关怀便被提上日程。青年群体是推动国家建设、推动社会进步与发展的中坚力量，更应满足时代要求，注重其价值观的培育与养成。高等教育阶段要培养高等素质人才，就要提高大学生的素质与能力，更要实施课程思政，进而实现知识、能力与价值观培育的统一。

课程思政的教学过程能够实现课程知识育人价值，又因为意识形态属性是课程知识的根本价值属性，因此实施课程思政，能够实现意识形态育人，培养学生的政治理性。这表现为能够满足学生的成长需要，有利于学生自身的人格完善，进而促进学生的品行品质的养成，培养学生的政治理性。课程知识本身的意识形态属性体现了国家与社会对人才的标准化要求，本身蕴含着丰厚的社会性价值，能够帮助学生更好地融入社会、与社会接轨。高校应作为社会"服务站"，作为

---

① 聂迎娉，傅安洲.意义世界视域下课程思政的价值旨归与根本遵循[J].大学教育科学，2021（1）：71-77.

"知识的生产者、批发商和零售商"，通过分析与解决社会问题、引领社会发展、为社会提供高质量人才等措施来不断实现自身服务社会的使命，履行自身的职责。高校实施课程思政，能够帮助学生承担社会服务之职，拓展情感的作用范围，拓宽情感的广度，同时能够培养学生将自己融于服务社会的过程之中，使自身成为服务社会的一份力量，进而有利于提升学生的精神境界。在这一过程中，学生形成了规范自身行为、生成自身行为准则的理性思维，思考能力与批判意识得到提高，实现个性化与社会化的有机结合。

除此之外，课程思政还能够培养学生形成坚定的政治信仰，满足学生的精神文化需求，从而通过形成的家国情怀、创新思维、高尚人格加以表现。

2. 有利于实现课程知识的内在育人价值

实施课程思政，就是发挥意识形态属性的育人效用，毫无疑问这有利于实现课程知识的内在育人价值。古希腊哲学家、科学家和教育家亚里士多德曾认为，由于人的本性是求知，向善是人的目的，因此应不断接受伦理学的训练，参与政治领域，从而实现更好的生活。西方近代教育理论的奠基人扬·阿姆斯·夸美纽斯认为，教育要提高学生的学识修养，对学生进行品格品行修养教育。知识教学是培养学生品德品行的主要途径。德国作家、哲学家伊曼努尔·康德认为，教育应培养学生的判断力。由于知识是主要的教育内容，对知识代表的间接经验进行教学是学校教育最主要的育人途径，因此，通过学习知识促进学生独立的判断力的养成，使学习知识的过程同样成为学生追求与探索真理、树立并坚定理想的方式与途径，实现知识内在的育人价值与学生成人之间的双向成就。

课程知识内在育人价值的实现，首先体现为对知识的情境性的回归。知识具备合法性的前提是其立足于特定历史文化情境的分析，深入研究主体的立场，在不同主体互动沟通的基础上达到有效的传递。课程知识能够实现其内在育人价值，首先表明其是被国家、社会与教育认可的价值，证明了其在跟随时代与社会的发展不断进行自我批判与自我调整，从而永葆自身的有效性。其次体现为对知识的质量问题的反思。在高等教育阶段实现课程知识的内在育人价值，体现为实施者对课程知识价值的主动反思，是对各种知识所存在的特殊性价值，以及知识的育人时效性与实效性的尊重与认可。最后体现为对知识的使用目的的再造。由于课程知识的内在性价值应切实地落实于学生成长计划之中，并通过学生主观能动性发挥得以表现，因此，对待知识并非功利化地利用，而是注重人文关怀，注重人的品质养成，并将知识中蕴藏的价值视为成人必不可少的组成部分，因而更具有"人情味"，甚至在成人的路途中具备了神圣的使命。总而言之，课程知识实现其内在育人价值，表现为知识更具有温度，知识具备了高尚性。

3. 有利于完善育人理念与提高育人质量

在课堂教学过程之中，教师应着重做好"学生思想引领和价值观的塑造工作"。高校课程思政的实施有利于完善高等教育阶段的育人理念。课程思政的实施切实回答了培养什么人、怎样培养人、为谁培养人的问题，因此能够将"三全"育人落实到底。课程思政的实施有利于实现学生的德智体美劳全面发展，更是把道德品质的培养摆在了突出的位置，注重学生的品格养成与判断能力、理性与实践能力的养成。课程思政的实施就是立足于高校教学全过程，发挥各个学科、各科教材的育人作用，在各学科教学中凝聚价值观培育的合力，整合引领性育人价值，缓解学科间育人效用的割裂现象。高校实施课程思政，能够充分协同教学主体、管理主体的力量，集中育人智慧，最大化地彰显育人价值。总而言之，实施课程思政能够完善并充分践行"三全"育人理念，构建高等教育阶段的协同育人体系与育人合力。

高校实施课程思政能够提高育人质量。高校通过学科专业实现特色性的育人目标与学生培养目标，课程思政的实施过程必然要立足与服务于学科的发展和专业的培养目标，引导学生学习知识技能，锻炼学生的人际交往能力，形成良好的思想品德，将专业课程知识的教学过程变成"锤炼心智及养成品性的过程"，完善专业课程教学的育人的功能。

（二）政治价值

习近平总书记多次指出："马克思主义，是高校改革发展过程中必须坚持好的，也是党不变的教育教学指导方针。"[1] 课程思政始终致力于增强学生的政治站位，引导学生抵御各种不正确思想，这是其基本的政治价值体现。除此之外，课

---

[1] 习近平在全国高校思想政治工作会议上强调把思想政治工作贯穿教育教学全过程开创我国高等教育事业发展新局面 [EB/OL]. 共产党员网，2016-12-08/2019-10-21.

程思政的政治价值是通过参与大量的课程使学生在学习过程中贯穿马克思主义思想等。教育领域既生产思想，又消费思想，一旦出现问题就是全局性的。在课程思政的建设落实上，要注重对不同舆论导向的关注，多层面突出示范引领作用，在关键问题上不含糊，强壮正能量，强大兴盛主流思想舆论，确保意识形态工作的正确方向。

在新时期大力推进高等教育改革发展的背景下，要始终突出马克思主义的核心指导，坚持党的教育方针，为培养具有民族自豪感的新时代青年不断努力。课程思政在高校开展思想政治教育上扮演着极为重要的角色，主要分为意识形态教育和价值理念教育，课程思政的时代意义和价值就是要使高校教育内容和社会主义教育方向相保持一致，这就是课程思政建设的政治价值。

（三）教育价值

人才培养的主阵地是学校。纵然经济社会发展下学校被赋予了许多使命和功能，但最根本的还是培养人才。人才的培养，课程思政是根本所在、关键所在。习近平总书记明确指出："在高等教育事业发展上，要坚持世界眼光，不断汲取经验，遵循实事求是的基本原则，加快我国高等教育事业发展。"[①] 这说明，中国的教育必须走自己的路。

课程思政是一种在原有课程计划进度上加入思政及育人元素，并且用课上课下的方式达到教学目标的课改方式。这种新的课改方式会帮助思政课程更好地开展。课程思政不是思政老师的任务，而是全校教师集体参与。借助专业知识的依托和支撑，增加专业课的知识性和趣味性，能提升思想政治教育的信度和效度，增强高校思想政治教育的实效性，使学生更易于接受和领悟蕴含其中的价值指引，产生立即可用的获得感，这就是课程思政教育的价值。

（四）社会价值

当下，我国教育发展水平已步入世界中上行列，但也必须清楚认识到，其仍未能充分适应国家经济社会发展和人民不断增长的新要求和新期盼。教育理念、

---

① 习近平.青年要自觉践行社会主义核心价值观——在北京大学师生座谈会上的讲话 [M]. 北京：人民出版社，2014.

素质教育、思想品德教育等皆有待发展和进一步加强。当今大学生出生在网络发达的时代，他们更容易接受新鲜事物，更容易融入虚拟环境，信息掌握便捷，交友范围广阔。如果大学生过度依赖这种环境就会容易迷失自我，这也为我国教育带来了新的挑战。专业课程是课程思政的有效媒介，专业课程中的思政及育人元素可以为价值观教育带来不同领域、不同范围、不同层面的传递。通过多方位教育为大学生带来对社会价值标准、生活方式形态的全新了解。培养高素质的学生，可以使其在日常的生活中影响他人，进而矫正他人的价值观，为促进共识、统一思想添砖加瓦。让学生在实现个人价值、推动个人发展的同时推动社会价值的实现和社会的发展，这就是课程思政的社会实践价值。

二、课程思政的内容

（一）从核心内容看

第一，培养政治认同感。推进习近平新时代中国特色社会主义思想进教材、进课堂、进头脑，坚定中国特色社会主义"四个自信"，增强对中华民族的政治认同感和民族自豪感。

第二，培养家国情怀。培育和践行社会主义核心价值观，让学生有意识地将小我融入大我中，不断追求和实践社会主义核心价值观的内容，将其化为有意识的行动。

第三，提高文化素养。坚持民族精神和时代精神，教导学生理解中华民族优秀传统文化的深刻内涵。

第四，提高法治意识。深入开展宪法和法治教育，教导学生学会学习、思考和践行习近平全面依法治国理念，走中国特色社会主义法治道路。

第五，提升道德水平。引导学生树立职业理想，深入了解职业道德，并自觉践行。促使学生拥有良好的职业精神和规范，在工作中增强责任感、培养其优秀的职业品格和职业行为。

（二）从学科分类看

课程思政可以分为自然科学类与社会科学类两类。前者与哲学思想有着密不可分的关系，很多自然科学都是在哲学的指导下产生的。要分析自然科学的思想政治教育元素，离不开哲学思想的指导。自然科学中许多的概念和原理都包含着哲学思想。如自然科学的许多概念都是通过从自然界或生活中的许多现象抽象以及大量的科学实验总结出来的，探索的过程正是培养学生坚强意志品质的有效途径，同时也教导学生注重实践的科学态度。在后者的学科课程中，大多数课程都包含意识形态的导向。因此，社会科学类的课程教师的政治底蕴和责任意识要更强。社会科学类课程中更多是以理论指导实践，其中包含了许多道德思想和道德规范。社会科学相关的课程在一定程度上映射着时代精神，在经过了对古代传统文化的继承、发展和更新后，融合了现代的时代内涵形成现代优秀传统文化，是一个时代的民族精神。

总之，无论是自然科学类课程还是社会科学类课程，都是以立德树人为终极目标，都是为了培养社会主义接班人。教师作为课程思政建设的主体，更是要不断地、有针对性地去挖掘和运用思政元素，并融入课堂中，最终实现课程思政育人的真正价值。

三、课程思政与思政课程的关系

课程思政与思政课程既有关联性，又有明显的差异。课程思政的建设不是增设一门新课程，也不是开展几项实践活动，而是将培育和塑造价值观这一目标，以"嵌入式""基因式"融入所有课程教学和教育教学改革的各个环节，将思想政治教育贯穿于各类课堂教育教学的全过程，将育人的本质目标通过课堂教学的主渠道得到实现，使所有课程都融入"思政味道"、展现育人价值，使立德树人"润物无声"。作为课程育人的重要组成部分，课程思政与思政课程既是相互联系的共同体，又是相对独立的两部分。

（一）课程思政与思政课程之异

1.角色迥异

在课程体系中，思政课程被高度重视、重点建设，它规定着高校课程思政改革的方向，在知识技能、过程方法与情感态度价值观三维目标中承担着价值塑造、培养高质量人才的关键任务，是发挥价值引领作用的核心课程，是思想政治教育的根基和本体，占据主导地位。思政课程的主要内容是社会主义核心价值观教育；历史观、政治观、法治观、道德观教育；马克思主义基本原理和马克思主义中国化理论成果教育，尤其是习近平新时代中国特色社会主义思想教育，体现出中国特色社会主义大学的鲜明底色和本质属性。课程思政，即高校专业课程、通识课程、实践课程的教师队伍也应当制订情感态度价值观的教学目标，挖掘思政元素，提炼萃取出潜隐在知识内容中的价值理念和价值范式，将价值理念和价值范式融合在知识技能的传授和培养过程中，引导学生将这些理念和范式内化为道德修养，外化为实际行动，促使学生在系统学习知识的同时能够潜移默化地塑造正确的三观。这表明，课程思政在课程体系中是落实"三全育人"的必要条件，是能够实现知识教授、技能培养与价值塑造同频共振的教育活动，是提高思想政治教育实效性的必要保证。

2. 方式不同

"思政课程"与"课程思政"的差别绝不仅仅是文字顺序上的调整，更深层次的是教育形式、教育方法的渐次更新。"思政课程"与"课程思政"作为中国高校开展德育工作的两大抓手，在课堂教学上具有相似性，但二者在具体教学方式上有着明显差异。

"思政课程"是高校开展思政工作的主阵地，在弘扬主旋律上发挥着重要作用。随着高校教育事业的变革，"思政课程"在其发展过程中呈现出专业化的发展态势，中国绝大多数高校都已设置独立学科和专业教师，且课程体系已经日益完善，教学管理和培养考核机制也已逐渐成熟。在列宁关于"灌输"理论的指导下，"思政课程"的主要教学方式是显性教学，思政课教师会旗帜鲜明地用马克思主义的基本理论和哲学观点对学生进行思想政治教育，以鲜明的政治立场、坚定的政治信念和高远的政治目标引导大学生健康成长。可见，当代高校"思政课程"的最大特点就是直接性和稳定性，不仅会将马克思主义与中国优秀传统文化作为教育体系的精神涵养，而且会在整个教育体系和课程体系中对学生进行全过程的持久影响。此外，由于马克思主义理论本就是一种阶级立场鲜明的意识形态理论，故而高校"思政课程"对学生的思想政治教育也以符合国家和社会发展为最终价值目标，这凸显了马克思主义理论育人的鲜明指向、本质特征和政治色彩。

"课程思政"是专业课教师通过潜隐的方式将马克思主义的理论观点、社会主流意识形态渗透到具体的教学内容和课堂教学之中,使受教育者在潜移默化中将理论知识外化为自觉行动的教育过程。但由于高校课程门类众多,课程体系囊括甚广,"课程思政"无法在课堂教学中大量、直接地向专业课学生展示思政内容,因而与思政课程相比,"课程思政"采取了更为隐蔽、更为含蓄的教学方式,教师通常会将思政元素附着于专业课知识之中,将其潜移默化地予以呈现,最终对学生产生身心层面或思维层面的积极影响。此外,由于"课程思政"在中国的发展并不完善,在教学体系和队伍建设上都存在发展困境,因而"课程思政"的育人效果会因专业课教师的育人能力、高校对"课程思政"的重视程度、地区高校协同育人的开展情况而不尽相同,缺少一定的稳定性和专业性。

尽管"课程思政"与"思政课程"在育人方式上有着明显差别,但仍然是当前高校开展思政工作的两大抓手,是学生接受素质教育、提升精神境界的重要依托。只有高校合理运用二者之间的协同育人关系,促进二者通力合作、同向同行,将思政元素贯彻于显性教学和隐性教学之中,高校才能不断培育"德才兼备"的新时代人才,使人尽其才、才尽其用。

3. 职能不同

课程思政与思政课程角色定位迥异、实现方式有别、特点形式不同,其职能也必然不同。思政课程的本位是"思政",我国的育人目标是培养德智体美劳全面发展的人才,在德智体美劳中,德育居于首要位置,对应到课程体系设置上,即为优先发展思政课程,因为思政课程在课程体系中处于核心主导地位,是必修课程、铸魂课程。思政教师通过课堂教学这一主要渠道,对学生进行经常性主流价值观教育,发挥思政课程铸魂育人的根本职能。为改变思政课程单兵作战的局面,就应当拓展其渠道和载体,形成合力,提高思想政治教育的实效性,由此提出"课程思政"这一理念。课程思政的本位为"课程",各门课程都蕴含着丰富的思政元素,必须充分挖掘、开发、利用,将思想政治教育与各门课程相融合,形成协同育人的良好局面。因课程思政中包含的课程种类十分丰富,其职能也各不相同,包括知识、技能、素质等各项教育,故其职能较为立体多元。因此,思政课程与课程思政的职能不同,各有侧重,思政课程职能较为单一,在育人上其职能是"必须"，是其分内之事；课程思政的职能则较为多元，是将思想政治教育与各类课程相融合的教学形式，育人并不是课程思政的本职、本位，在育人方面的职能是"应当"，是"附加项"，是在知识传授和技能培养的过程中衍生的能力。

4.教育内容不同

单从课程的内容来说，"课程思政"可能会在一定程度上涵盖"思政课程"的内容，但前者所涵盖的后者的内容，往往是零碎的而不是系统的；而后者所承载的内容，则是基于课程需要，有计划、有目的地系统呈现，不能将两者简单地理解为包含与被包含的关系。

"思政课程"的教育内容主要包括马克思主义基本原理概论、毛泽东思想和中国特色社会主义理论体系概论、思想道德修养与法律基础、中国近现代史纲要、形势与政策等五门由国家专门指定的马克思主义理论课程，在课程设计和教学方式上都相对明确。"思政课程"的主要功能就是通过马克思主义理论来教育引导学生，帮助学生形成优良的道德素养，指引其树立远大理想。由于教育内容相对规范，因此"思政课程"的教育教学特征鲜明，即"思政课程"具有强烈的意识形态性和严谨的学术性。通过对学生进行"思政课程"教育，有助于学生形成唯物主义的思维方式、集体主义的价值观念和爱国爱家的政治情感，使其在成长成才的过程中坚定信念、确定方向。

"课程思政"的思想政治教育内容并无具体的课程，其内容会根据不同专业课的特点以及专业课教师的育人能力而发生变化，因此育人内容具有很强的随机性、不确定性甚至不规范性。"课程思政"的基本功能是通过专业课教师在教学过程中适当地引用思政元素，如在讲授屈原的诗词时强调屈原的爱国精神，以对学生思想产生正向教育作用，使同一学生群体产生与"思政课程"同频共振的教学效果，防止思想政治教育工作"你方搭台、我方拆台"的不和现象。一般而言，"课程思政"的思想政治教育内容取决于专业课教师对思政元素的挖掘程度和吸取程度，其教学效果的发挥依赖于教师对思政内容的理解力和运用技巧，在育人效果上难以评估。

（二）课程思政与思政课程之同

1. 目标相同

课程思政与思政课程必须都坚持中国特色社会主义办学方向，共同担负培养时代新人的伟大使命，必须坚持二者在育人目标上的一致性。要明晰立德树人之根本任务。立德树人是高校在新时代必须坚守的教育原则，教师队伍应始终把立德树人这一根本任务放在教学首位，强化意识形态建设，"显隐结合"地对学生进行思想政治教育，将教书与育人相结合，增强学生的"四个自信"。还要在满足学生成长需要方面保持一致性。伴随着改革开放的不断深化、互联网信息技术的快速发展，国际交流与合作不断扩大，多元文化交融交织早已常态化，学生在思想上极易产生各种问题，需要高校所有教师队伍积极主动地从正面解决学生的思想认识问题，助力学生的健康成长。

2. 育人功能相同

"思政课程"与"课程思政"均属于大思政体系，思想政治教育是两者的联结点，育人是两者的核心功能，立德树人是其共同承担的根本任务。两者育人功能的共同之处体现在以下三个方面。

首先，"思政课程"与"课程思政"都具有提高高校思想政治教育实际效用的功能。"思政课程"自诞生以来，就发挥着"思想引领、服务成才"的功能，就是以影响大学生的思想观念、提升大学生的政治素质为基准的学科；"课程思政"的提出缓解了"思政课程"孤军奋战的艰难处境，"课程思政"从教学内容、教学方法、教学管理、教学评价以及师资力量等方面弥补了"思政课程"的不足，两者通力合作，协同育人，为我国思想政治教育工作的发展提供了巨大动力。

其次，"思政课程"与"课程思政"都具有服务意识形态建设的功能。由于政治、经济、文化一体化的加强，世界各地的联系和交流更加密切，学生有机会接触各个国家的思想文化，一些居心不良者企图通过文化渗透的方式来分裂我国。通过"思政课程"让学生加强"四史"的学习，不忘初心，牢记使命；通过"课程思政"让学生在学习本领的同时，鼓励学生树立崇高远大的理想，以充分实现自己的价值。

最后，"思政课程"与"课程思政"都具有文化传承和素养培育的属性功能。

"思政课程"虽然以德育为主，但"思政课程"借助中华文化对学生进行思想政治教育，客观上有助于促进中华文明的传承，促进学生延续几千年的民族精神和民族禀性。"课程思政"虽以技能教学为主，也会将其中蕴含的思想教育资源挖掘出来，以此提高学生的道德水准。

3. 指导思想一致

任何国家的教育都是以为国家和社会发展服务为基本前提的，否则教育事业的发展将变得毫无意义。因此，国家的属性决定了教育的发展方向和学生培养的方向。我国是马克思主义理论指导下的社会主义国家，决定了我国教育事业的发展要以为国家培养社会主义建设者为核心目标。这就为"思政课程"和"课程思政"的发展进行了定性规定，即无论是"思政课程"还是"课程思政"，在教育教学过程中，都必须以马克思主义理论作为教学活动的根本指导思想，都必须基于马克思主义意识形态的视角对学生进行政治认同、家国情怀、道德法制等方面的思想教育，都必须引导学生自觉抵制西方资本主义错误思潮的侵蚀，帮助其形成为国为家为社会主义、爱国爱家爱社会主义的价值理念。

（三）课程思政与思政课程之联系

1. 思政课程引领课程思政

①思政课程引领课程思政育人的政治方向。新时期中国特色社会主义建设拥有新的发展目标、呈现新的发展规律、构建新的实施方案，高校教育作为国家建设发展人力资源的重要补充环节，起着不可替代的重要作用。不断更新高校教育系统，加强党性教育，坚定社会主义意识形态价值培养，使高校学科建设创新发展与国家社会建设相适应，不断提升高校学科教育的政治性。

思政课程成熟的政治引领使命将推进课程思政落实立德树人教育目标更好地实现，将育人旗帜深深插在社会主义建设的土壤中，培养技术专业、思想清明的高素质人才。随着大思政建设的进一步发展以及立德树人的目标要求，课程思政始终坚持教书与育人相统一，且育人功能在逐渐增强，将政治意识贯穿于各学科的教育过程中，近乎实现了政治教育的全覆盖。思政课程引领课程思政育人的政治方向，不仅是教学理念和教学功能的引领深化发展，同时也对高校教师工作队伍提出了更高的政治要求，使思政课教师的政治站位更加明确，积极影响专业课教师对政治理论的深度理解，加强实践教学过程中政治意识的高效融入，形成育人合力，共同培养塑造根红苗正的新时代社会主义接班人。

②思政课程提升课程思政育人的德育功能。思政课程的教学内容主要是对正确价值观的引领，立足于道德情感认知目标的实现，是高校学生塑造灵魂的助推器，旗帜鲜明地为高校学生指明为社会主义奋斗终身的发展方向。思政课程随课程发展规律、教育对象特质和社会发展需求而发生改变，但是其德育功能的发挥始终是高校课程育人的"天花板"，拥有其他课程无法比拟的思想价值影响。课程思政是在遵循课程自身逻辑体系的前提下对其固有德育资源进行的内涵式开发，是课程育人价值回归的过程。以往的高校教育，思政课程担任德育的主要功能，甚至在有的高校成为德育的"独唱者"，随着课程思政的进一步发展，在符合专业课发展规律的基础上深刻理解学科精神，挖掘专业课中的德育资源，将政治理念和道德观点渗透在专业知识的学习中，并积极引导高校学生将思想意识应用于专业实践和社会活动。通过思政课程目标明确的德育功能可以为课程思政潜在德育功能的挖掘提供动力。一方面，在德育资源的筛选上，思政课程德育资源丰富且明确，而且对于思政课程资源的应用挖掘也成体系地存在于高校，而课程思政作为后起之秀，其内在思政结构还不完善，要想在专业课教学中实现春风化雨的德育，对思政课程资源的深度了解是必要选择，这样才能在课程思政中有效筛选匹配思政元素的应用；另一方面，在德育方式的提升上，一般专业课的教与学大多采用以专业理论与技术实践为主的显性教育，而课程思政价值塑造的融入更多要求以隐性渗透的方式来内化于心，这就需要系统化掌握思政课程教学方式，坚持"八个相统一"，提升课程思政育人的德育功能。

2. 课程思政承接思政课程

①课程思政拓宽思政课程育人的教学途径。随着社会人才需求变化和现代教育技术的不断更新，教学途径也在不断地丰富发展。教学途径是立德树人目标实现和发展的重要渠道，只有与教育发展相适应的教学途径，才能最大限度地传导教育内容和实现教育效果。相同的教学内容通过不同的教学途径进行传授，将会获得不同的教育效果，因此选择恰当的教学途径才能更好地实现教育蓝图。课程思政与思政课程有各自独特的发展规律，其教学途径也存在差异，但是都肩负着

使受教育者获得全面发展的责任和为社会发展培养人才的担当。育人教学途径是一种复杂的动态教学活动构建，是教育影响中的重要组成部分，要培养全面发展的高素质人才，实现新时期教育的创新发展，必须采取与课程内容和课程目标相协调的教学途径，通过最优组合的教学途径，实现教学实效性的最大化。

因教育技术的不断进步，践行教育实施方案的渠道和方式更加丰富，使教育者的教育影响不断增强，受教育者的个体性发展也获得明晰的成效。当前，高校思政课程的教学渠道，已经由传统的课堂教学方式逐渐转变为课堂教学与课外活动相结合、线上与线下教学相统一的教学方式，但是由于思政课程的强理论性和政治性，使得其教学途径仍以讲授式课堂教学为主，以其他途径为辅，更多的理论教育成为思政课程育人的基本方式。思政课程与课程思政一脉相承，又各有特色，在实践过程中要相互学习其积极因素，搭建内在逻辑的有效桥梁。课程思政是以专业课为主要载体进行价值塑造，各专业课学科在自身的领域之内均具有丰富且独特的教学途径。

②课程思政丰富思政课程育人的教学资源。教学资源的不断丰富和精选优质化是高校育人提质增效的基本支撑要素，关乎整体教学质量的落实，高校多样化的学科体系，在教学资源的获取和利用方面均有自身独特的优势，将各类教学资源和资源利用方式进行精细化整合，实现关于教学资源的宏观整体合力，更好地为高校立德树人提供源泉动力，培养全面发展的高素质人才。

在信息化时期思政课程的教学资源来源渠道不断地拓宽，思政课程的相关教材、高校红色实践活动和环境、网络思政信息的提取、相关教育讲座会议的举办等，均是以往思政课程获取教学资源的重要途径和方式，过去思政课程的教学资源基本还是在思政"舒适圈"中展开思想政治教育。而课程思政的创新发展从大格局建设的角度实实在在地落实了交叉学科建设理念，课程思政在专业课中提炼思政元素，使专业课具有"思政味"的同时，也为综合性较强的思政课程从不同学科角度落实思政教学提供了范式，各专业课的学科知识也为思政课程提供了多样化的教学资源。除此之外，课程思政的专业实践方式也丰富了思政课程教学的实践资源。在教学资源的利用上，丰富且优质的教学资源符合当前思政教育的发展规律和社会发展需求，提高教学资源的利用率，实现教学效能的最大化，高校教育者对资源的深入挖掘和掌握至关重要。培养高校教育者的教学资源意识，教育者是教学资源最直接的实践者，要求在教学实践过程中有意识地搜集教学资源，同时各专业课教师与思政课教师要积极交流沟通，以多样化的专业课教学实践不断丰富思政课教师对教学资源的利用和掌握。

第二章　高校思想政治教育改革的形势

高校思想政治教育正处在深化改革阶段，随着素质教育的进一步深入发展，高校思想政治教育工作也在不断创新和发展中，这对于提升高校人才培养质量具有重要作用。但是，就目前高校思想政治教育改革工作开展情况来看，还存在一定的问题，不利于高校大学生综合素养的培养和提升，因此需要进一步研究高校思想政治教育改革的形势。本章分为高校思想政治教育现状、高校思想政治教育改革形势、高校思想政治教育改革的新发展三部分。

第一节　高校思想政治教育现状

一、高校思想政治教育取得的成绩

（一）队伍建设更有力量

高等教育肩负培养社会主义建设者和接班人的重大任务。办好我国高等教育，必须全面推进思想政治教育工作，将其融入教育教学的全过程，建设强有力的思想政治教育工作者队伍，承担起培养德才兼备的高层次人才的重要使命和责任担当。

首先，党政干部、共青团干部承担着管理育人的职能，负责组织、协调和实施思想政治教育工作。高校党团建设是对学生进行思想政治教育的关键举措和重要内容，党团干部是其骨干力量。高校通过加强队伍建设，任命辅导员担任党团建设的主要负责人，负责指导大学生开展组织活动。党团活动是思想政治教育的

"牛鼻子"，通过开展党团组织活动，促进大学生对党情和国情的认识，引导其树立正确的价值观。

其次，辅导员是开展高校思想政治教育的骨干力量。新时代对高校思想政治工作的重视程度不断增强，也推动了高校辅导员队伍建设。2016年召开的全国高校思想政治工作会议上提出要加大辅导员队伍的培养和激励力度，并出台一系列文件，为辅导员队伍建设指明了方向。辅导员队伍规模不断扩大，人员数量持续增加。

再次，思政课教师是办好思想政治理论课的关键，《新时代高等学校思想政治理论课教师队伍建设规定》阐释了高校思想政治理论课（以下简称"思政课"）教师的重要性，进一步提出了高校思政课师资队伍建设的具体要求，并细化到思政课教师配比的问题，截至2021年年底，高校思政课专兼职教师超过12.7万人，较2012年增加7.4万人，比2018年增加5万多人，教师配备总体达到师生比1：350的要求。从年龄构成上来看，逐渐年轻化成为高校思政课教师队伍的新特点，49岁以下思想政治理论课教师占总数的77.7%，并且在各地各高校的共同重视下，构建了教师培养培训体系。据统计，全国有41个高校思政课教师研修（学）基地、32个"手拉手"集体备课中心，为思政课教师开展常态化培训研修，每年培训教师近6000人，很大程度上提升了思政课教师的能力和水平。

最后，专业课教师是课程思政建设的主体。部分高校将课程思政纳入岗前培训中，搭建课程思政交流平台，让专业课教师分享经验，以此来增进交流与沟通，不断增强专业课教师的育人能力。

（二）高校思想政治教育得到重视

随着改革开放的推进，中国在经济、政治、文化各个方面快速发展，党和国家加强了对人民的教育，对高校思想政治教育提高了重视程度。当前，中国特色社会主义进入新时代，党和国家高度重视高校思想政治工作，习近平总书记强调："高校思想政治工作关系高校培养什么样的人、如何培养人以及为谁培养人这个根本问题。"[①] 这一重要论述要求高校全面落实思想政治教育，切实提高大学生的思想政治素养，充分体现了党和国家对高校思想政治教育的高度重视。

---

① 习近平. 习近平在全国高校思想政治工作会议上讲话 [N]. 人民日报，2016-12-09.

（三）大学生思想道德水平显著提高

目前，我国高校思想政治教育工作成效显著，大学生的思想水平和政治觉悟不断提高。

（四）高校思想政治教育基础保障不断提升

随着国家对思想政治教育工作的广泛重视，高校思想政治教育管理模式不断创新，资源的利用更加充分，基础保障不断提升。具体而言，可以体现在人才资源、财务资源、物质资源、高校管理等四个方面。

在人才建设方面，高校通过设置大量岗位吸引了许多专业背景符合的人才，为高校思想政治教育工作研究提供了智力支撑，相关研究成果大幅增加，形成了良好的教育环境和格局。在增加专任教师数量的同时，着力加强高层次创新型人才队伍建设，高校教职人员的专业性不断提高，道德品格、政治素养越来越成为教师评价的考虑因素，为思想政治教育工作提供了充足的人才储备。

在财务资源方面，国家财政对高校思想政治教育工作的扶持力度不断加大，对思想政治教育重点建设项目、主流媒体建设等方面的重视程度不断提高，为思想政治教育工作保障体系的进一步发展提供了强有力的财政支持。

在物质资源方面，国家发布一系列重要文件，强调要加强思想政治教育工作，为高校思想政治教育工作的完善和发展提供了政策支持。高校积极制定学习计划，通过集中学习、专题研讨会、讲座等形式组织学习思想政治教育政策法规，在校内形成学习、宣传党的政策文件的良好风气。

在管理方面，高校也认识到组织管理的重要性及价值，在实际工作中不断加强管理，积极落实组织管理工作，提高组织的政治性，将思想政治教育工作落到实处，这为提高高校思想政治教育工作的质量提供了基础。同时，高校在管理中始终坚持以高校教育目标和教学策略为依据，对高校思想政治教育工作的结构优化、教育的稳定性和可持续性具有重要现实意义。此外，高校积极整合育人资源，调动校园内部各类资源，发挥育人功能，将课程、设备、网络、时间等都作为重要资源，最大限度地发挥其育人功能。

二、高校思想政治教育存在的问题

（一）教学模式单一

就目前高校的教学模式而言，思想政治教育课的形式大多局限在课堂，采用传统的"讲—学"法，而这样单一传统的教学模式很难跟上信息时代的发展，也难以吸引现代大学生，最终可能会影响教学效果。在思政课程授课方面，许多高校依然存在大班教学的现象，思政课程大都是以公共课的形式开设，通常会有几个班的学生一起上课。由于学生人数较多，教师难以在短时间内照顾到每一名学生的需求，导致很难在课堂上对每一名学生进行个性化教学，课堂教学的质量会受到影响。

（二）课程设置不合理

在课程设置上，思想政治理论课程是必修课程，也是通识课程，但从目前思想政治理论课程的课时设置来看，思想政治理论课程课时数安排较少；从课程教学内容来看，思想政治理论课程的理论知识很强，比较枯燥、晦涩，学生学习起来的整体动力并不大；从学生主观意愿来看，他们对于课程学习的积极性不高。这就导致思想政治理论课程很难从根本上提升重视度，课程教学达不到理想效果。

（三）思想政治教育缺乏契合度

目前，我国高校对教师与学生进行思想政治教育依旧会采用老旧观念，整体统筹规划不足，导致师生思想政治教育缺乏契合度。以树立学生正确的价值观而进行思想政治教育，将教学重点放在学生角度，容易忽视对授课教师的思想政治培养，教师是学生思想政治教育的领路者，教师的思想政治高度决定了学生思想政治教育的广度与深度，所以对教师的思想政治引领，尤其是青年教师的思想政治引导尤其重要。

（四）对学生的思想把握不够准确

随着"00 后"学生进入大学校园，学生群体的自主选择性、个体意识性、思想批判性都有明显的提升，学生活跃的思维、多元的个性、独特的行为很容易受到外界环境的影响。学生在接受思想政治教育时，已经不单是被动的接受者，还会有主动了解、怀疑甚至质问的表现。这对传统思想政治教育的形式、内容和方法都是极大的冲击。与学生思想变化快、趋于复杂化相比较，高校思想政治教育方法的应变与改变不够及时，分层次教育没有收到足够重视。

（五）育人机制与教育需求不相符

新时代高校思想政治教育，需要各部门协同配合形成思想政治教育合力。但当前高校思想政治教育在组织与开展过程中，德育为先的合力育人理念尚未得到普遍认同和重视，当前高校主要以党委团委和二级学院党团组织，对高校思想政治教育工作进行领导，其他各职能部门和教职工对思想政治教育重视度普遍偏低，特别是高校专业课教师，认为思想政治教育是专职教师的任务，并未积极推进思想政治教育与专业课教育的融合发展。究其原因，主要是高校缺乏完善的育人保障机制，并未结合思想政治教育的实际需求，构建相应的领导机制，致使思想政治教育主体分散化。此外，高校开展思想政治教育对学生的信息反馈重视度不足，针对部分学生提出的意见并未采纳，难以顺应时代的发展和变化，削弱了思想政治教育的实效性。

（六）思想政治教育活动形式缺少创新

现如今各高校为学生举办开展思想政治教育的活动种类丰富，但总体而言，可应用于与学生实际生活、学习、就业、思想相关联的活动较少，从活动主题来说，主题老旧、缺乏创新意识，很难贴近新时期"00后"大学生的需求特点，容易让学生丧失积极性。

（七）思想政治教育工作队伍建设有待加强

第一，高校思想政治教育工作队伍数量有待充实。思政课教师、辅导员、班主任、政工干部，是高校思想政治教育工作的组织者和实践者，需要按照国家规定设置岗位数量。教育部规定高校思政课教师要按照1∶350的比例确定岗位数量，同时也规定了高校辅导员要按照1∶200的比例配备，而对政工干部和班主任的数量未作规定，只要求按照学校具体工作设置数量。目前，大部分高校思想政治教育队伍已达到要求，但也有一些高校尤其是边远地区的高校，因地域关系在吸引人才上存在着一定难度，且随着人员的流动和退出，队伍人数处于变动中，尚未达到这个比例要求，高校仍需扩大对思想政治教育工作人员的招聘人数。

第二，高校思想政治教育工作队伍质量有待提高。高校思想政治教育工作队伍应具有扎实的马克思主义理论知识，对中国共产党思想政治教育工作的发展历程有深刻的认识，并能够将知识、思想、观念有效传递给学生，承担起教育和引领的责任，培育具有良好综合素质的人才，因而高校教师队伍既需要具备较高的教学能力，也需要良好的道德素质和积极的心理素质。习近平提出教师要做"有理想信念、有道德情操、有扎实知识、有仁爱之心"的好老师，而思政课教师是高校思想政治教育工作的主力，打造高素质的高校思政课队伍，必须坚持"六要"标准，要求思政课教师"政治要强、情怀要深、思维要新、视野要广、自律要严、人格要正"，政工干部、辅导员、班主任也是高校思想政治教育工作的重要力量，也要遵循这一标准。但目前一些高校教师并未遵循这个标准，导致思想政治教育工作效果不理想。

第二节　高校思想政治教育改革形势

一、高校思想政治教育改革面临的机遇

（一）全媒体时代高校思想政治教育改革机遇

全媒体时代，不同媒介形态的优势得以充分发挥，并贯穿于思想政治教育的全过程，思想政治教育走向了高速发展的快车道。

1. 多向互动的交流优势

全媒体时代，思想政治教育已经从一元主导、强力引导的单向传播转变为多元互动、平等互融的交互式传播，教育主客体间的沟通互动更加频繁，不同教育主体间的协同联动更加密切，突破了教育主体在时间和空间维度的制约。多向互动的交流优势是全媒体时代高校思想政治教育打通交流渠道、消解思维鸿沟、联结教育力量的有力推手，成为形成高校思想政治教育持久引导力的关键要素。

一方面，教育主客体间的沟通互动更加顺畅。在社会交往、信息交换、认知互融和情绪互动更加密切的全媒体时代，思想政治教育者和大学生都可以主动选

择信息，教育主客体之间的"区隔变得模糊"，信息在教育者与大学生之间的传播阻力越来越小。在此过程中，思想政治教育者与大学生处在相对平等的信息场域之中，可以借助各种媒介载体分享、点评、交流彼此的经验和观点，表达个人的想法，打破了传统教育模式中"填鸭式"灌输和"教条式"说理的弊端，较好地解决了传统思想政治教育模式下主客体互动交流渠道不畅的问题。同时，思想政治教育者可以依托智能化的媒介技术更加准确地把握大学生的实际状况、教育活动的开展情况、学习效果的反馈情况。教育主客体通过全程地、实时地、持续地就教育内容展开更充分的对话与更有效的沟通，为二者达成价值共识、消除对抗分歧提供了可能。

另一方面，不同教育主体间的协同联动更加密切。全媒体时代，思想政治教育理论课不再是承载思想政治教育者与大学生的唯一场域，所有正式与非正式的教育场所全面打通、虚拟与现实育人场域全面联通。通过吸纳不同领域的适宜主体适时完成身份转换，不断扩充全媒体时代的育人工作队伍，让高校思想政治教育可以在更大的时空场域中进行。不同领域的教育者可以依托全媒体平台，在平等互助的基础上构建起能力上共进、工作上互补的育人工作队伍。面对不同文化素养、思想水平、道德品质的大学生，教育者可以同时、同心、同向施教，有助于激活传统思想政治教育模式下难以辐射到的育人领域。当然，广泛地吸纳教育者不是无原则地进行，而是根据思想政治教育的价值目标和现实情况科学有序地开展。

2. 日渐高涨的参与热情

全媒体时代拓展了大学生获取知识、交流情感的渠道，丰富了大学生躬行践履的实践平台，最大限度地调动了大学生的学习动力、接受能力和实践欲望，形成了大学生日渐高涨的参与热情，更加主动地寻找、自觉地吸收、积极地运用主流意识形态，更加深入地参与高校思想政治教育的全过程。

第一，大学生的学习动力显著增强。大学生学习动力的调动是影响主流意识形态有效输入的首要条件。对于主流意识形态的认同与接受、其他社会信息内容的关注与获取，除了与价值观导向和社会舆论氛围等客观因素有关，大学生的理论认知水平、信息解读能力和自身发展需要等主观因素也不可忽视。全媒体时代，大学生能够更加便捷地接触和了解日益丰富的信息，使其思维更加开放、视野更加开阔、思想更加活跃，从而激发大学生更深层次的学习动力。在这种学习动力的激励下，大学生对于主流意识形态表现出较为积极的接受欲望和较为浓厚的学习兴趣，但也会有困惑与质疑。最终，大学生将这种欲望与兴趣、困惑与质疑转移到对主流意识形态的期待和研习上。

第二，大学生的接受能力明显提升。大学生对于主流意识形态的内化效果是影响思想政治教育实效生成的重要环节。主流意识形态的内化效果与大学生的接受能力密切相关。全媒体时代，面对庞大的知识数量和繁杂的知识内容，大学生具有更强的接受能力，能够更快速地理解和掌握教育者传递的新内容，更加高效地吸收内化为自身的观念意识。大学生不再是机械地接收信息，而是有选择性地寻找、加工、消化和吸收信息。

第三，大学生的实践欲望更加强烈。思想政治教育取得实效不仅体现在大学生通过言语表达出对主流价值形态的真听真信，更体现在实践中对主流意识形态的支持拥护。全媒体时代为大学生创造和提供了更具灵活性和多样性的实践平台，极大地感染和带动了大学生在实践中将主流意识形态纳入其自身的认识体系、价值体系和行为体系之中。

3. 丰富生动的呈现效果

全媒体时代，思想政治教育介体呈现融会贯通的趋势。在高度互融互通的育人环境中，教育内容的传播更加快速，教育方式的使用更加有效，教育载体的类型更加多样，多样聚合的教育介体使信息展示立体化，深度交互的教育介体使信息传递交互化，具身智能的教育介体使受众体验丰富化。

第一，多样聚合的教育介体使信息展示立体化。全媒体时代，不同的育人内容、育人方式、育人载体可以有效统筹、创新聚合使用，思想政治教育释放出越加强大的吸引力。首先，思想政治教育者能够更广泛、更快速、更深入地汲取信息资源，并及时地转化为教育资源，构成教育内容的有力补充。然后，思想政治教育者通过发挥各种教育方式的特点和优势，借助图文音视等多样化的教育载体，将主流意识形态转化为更加形象直观、生动活泼且具有现实阐释力的教育内容，实现了主流意识形态的立体化、多渠道、深层次展示传播，有助于大学生深刻理解主流意识形态的精髓和主流价值的意涵。

第二，深度交互的教育介体使信息传递交互化。全媒体时代，育人介体呈现出从单向讲授到深度互动的发展态势，这种相互作用不是静止的、平面化的，而是运动的、立体化的。思想政治教育者借助全息媒体技术，能够实现师生、信息、媒介之间的多维便携沟通，将教育内容以高效联动的教育方式生成更加强大的影响力，作用于大学生的思想理念和价值观念，引发大学生情感上的共鸣和价值观上的认可。大学生的自主性和互动性被显著激活，更加深入地融通在教育过程之中，更加主动地消化巩固所学内容，更加积极地表达自己的情感态度与价值倾向，为主流意识形态提供多维度、多方位、交互化的传播方式。

第三，具身智能的教育介体使受众体验丰富化。当前，媒介技术呈现出"从离身化向具身化的转变"，媒介技术与个人的身体逐渐深度融合，每个人都可以借助媒介技术呈现自我。具身化的媒介技术为大学生参与"任何"思想政治教育过程创造了无限可能。在此过程中，大学生的视觉刺激、听觉沉浸、触觉反馈等感官体验不断增强，感官维度在最大限度地进行拓宽，大学生的收获感、沉浸感、临场感更强。多维度的情感体验和深层次的精神体验让大学生进一步增强了对主流意识形态的感知力和认同感。

（二）大数据时代高校思想政治教育改革机遇

1. 数据技术的蓬勃发展提供充足养分

数据技术的蓬勃发展是有目共睹的，其庞大的数据资源和高速的数据处理能力为思想政治教育提供了充足的养分。作为一种具有极高社会价值的战略资源，大数据变革的不仅是技术，更是对认知的升华，进而引发思维和实践的创新。高校思想政治教育在运用大数据技术时，应着重把握大数据技术的科学性和前瞻性，这也是创造知识、提升思想水平、完善教育体系的一个重要支撑点。数据是信息的载体，信息则是有内容的数据，大数据提供的信息养分是无穷无尽的，人们利用技术对数据进行加工，实际上就是对信息进行加工，进而挖掘其价值。大数据为高校思想政治教育提供的养分更多地体现在其使用价值上，即决策力和预测价值。大数据能够将信息具象化，将数据通过量化的方法转化为信息内容，如个人喜好的推送、位置信息的定位、企业管理的统筹等，正是因为科学技术的进步产生了无数个大数据应用，激发了应用结合大数据的潜在价值。大数据应用在高校思想政治教育上，可以寻找到学生兴趣与思政认知的关联性，更好地提升大学生的道德素养。一方面，思想政治教育工作者可以通过预测学生的行为动向，纠正他们的错误认知，并重塑他们的三观；另一方面，大学生可以自我提升，及时发现自我问题，并加以改正，同时可以拓宽眼界，完善知识结构。大数据的预测价值是通过对数据的即时记录和分析完成的，数据与数据之间的有效连接折射出信息之间的关联，考察信息之间的特征与规律，从而在优化整合的过程中完成预测功能，并确保其基本的科学性和准确性。同时，数据的实时记录也能够提升数据主体对于自身与他人的负责程度，保证社会的和谐稳定，确保高质量人才以更加理想的状态完成自我追求。

2. 高质量人才的旺盛需求拥有广袤沃土

人才作为重要的战略资源，在全球市场中也是重要主体。国家发展需要高质量人才，遵从人才优先原则更需要思想政治教育的保驾护航，国家与社会的旺盛需求为人才施展抱负提供了广袤的沃土。经过我国的革命与实践实际的考验，人才发展的宏观环境得到改善，政策倾斜与战略资源部署为高质量人才提供了极大便利，同样也对人才提出了更高的要求，其战略定位更有广度，目标设定颇具弹性，更能激发高质量人才的创新活力。

将思想政治教育的固有优势和大数据技术融为一体，为培养高质量人才开辟出新的天地，这就是国家与社会提供的广袤沃土，科技的赋能为思想政治教育插上了紧跟时代发展潮流的翅膀，能够源源不断地创新培养人才的教育方式，开辟出更加多元、更具个性的人才培养渠道。现实的发展证明了大数据技术能够应用于思想政治教育，积极引导大学生的思想以及政治素养朝着更好的方向进步，促使大学生发挥其自身价值和社会价值，帮助人才找到自身的人生规划和发展方向，使我国真正建成教育强国，实现复兴大任。

3. 高校思想政治教育的思维和理念发生了转变

技术的变化与发展往往会首先带来思路与理念上的变革，大数据时代的到来不仅使人感受到了海量数据信息的冲击，而且还对思想政治教育工作的思维和理念产生了不可忽视的影响，高校思想政治教育工作者开始树立大数据意识，主动了解和认识大数据，改变了以往传统教学的思维方式，探索出一套新的研究思路与研究方法，对思想政治工作的发展提供了理念支撑。

第一，思想政治教育工作者的数据意识明显增强。大数据时代的到来，随着大数据技术的资源数据库、数据分析管理平台等在高校的建立，大数据采集、挖掘及分析技术使数据在教育领域中的作用逐渐凸显出来，人们逐渐认识到大数据的将改变高校教育的工作现状，大数据在教育中的运用也慢慢由"探索"转变到"发展"的阶段。此时，思想政治教育工作者的数据意识也得到滋养，他们开始意识到数据的强大功能，意识到必须转变传统的思维方式和工作理念才能使思想政治教育学科长盛不衰。一方面，思想政治教育工作者开始认识和了解大数据。教师也在主动学习或接受数据技术方面的培训，以汲取更多关于大数据技术的专业性知识和内容，迎接大数据时代的洗礼，不断适应时代的变化和教学的变化。另一方面，思想政治教育工作者也正在将数据意识应用于教学工作中，理念是行动的先导，行动付诸的第一步就是思想的改变。传统的思想政治教育理念和教学模式已不能适应大数据时代的发展要求，只有革新教学理念，探索新的教学模式，才是长久之计。例如，教师在课堂之外开始有意识地收集和利用学生的信息，如微信群学生的聊天信息、网络课堂的学生讨论信息等内容，并将数据信息的分析结果应用于教学课堂之中，精准把握学生的发展动态。

第二，思想政治教育工作者的思维方式发生了转变。数据的关联思维取代了因果思维，模糊思维取代了精确性思维，整体思维取代了样本思维。小数据时代，事物之间存在更多的是因果关系特征，事物之间的关系较为简单。而到了大数据时代，各种数据信息之间发生了关联关系，数据的体量大、复杂性强的特征也明显的体现出来，简单地对事物因果关系的追求或许不再那么重要，纵横交错的复杂信息呈现更多的是关于事物的整体发展方向，这些变化都要求人们转变以往的思维方式，树立数据关联思维，用整体性的眼光和模糊性的处理方式来对待纷繁复杂的数据信息。数据化的整体思维将一切事物变得可量化，如从简单、片面了解学生的信息到用大数据分析有关学生各方面的信息，全面了解学生的特点和发展需求，对学生行为进行"可视化"描述，并基于对大数据的分析作出科学决策，并制定出个性化的培养方案，这一思维方式对传统的因果思维造成一定的冲击，思想政治教育工作者开始转变传统的思维方式，依靠数据和数据思维理念解决教学与管理问题，为高校思想政治教育工作提供了新的发展思路。

第三，思想政治教育的研究思路与方法发生了变化。大数据最基本的特征是数据信息的海量性，数据科学家维克托·迈尔·舍恩伯格说，"数据化是指把一种现象转变为科制表进行分析的量化的形式过程"，任何现象都可以数据化，如消费习惯可以数据化、学习记录可以数据化、上网记录可以数据化等，通过对学生的上网、学习、生活等各方面的数据信息加以量化，分析出大学生身边发生的潜在问题，并及时作出判断和预警，减少不良问题及事件的发生。大学生在校园中的活动都是有迹可循的，校园卡消费、出入校园记录、借阅图书记录及网上学习记录等各方面的信息都会被记录下来，利用可视化技术构成图像，思想政治教育工作者对其加以分析，把握大学生的思想行为动态，分析大学生的思想动态发展趋势，在此基础上对应有效性模型进行计算和处理，自动推测出有效的思想政治教育方式和方法，实现思想政治教育定性分析与定量分析相结合的研究方式。"样本＝总体"的全数据时代改变了传统思想政治教育中采用抽样调查方法的现状，可以全面把握和分析相关对象的数据，提高了样本收集的效率和价值，增强了思想政治教育学科的科学性。

（三）人工智能时代高校思想政治教育改革机遇

1. 人机协同增强了思想政治教育主客体交互

人工智能时代，人机协同这一特征表现得越来越明显。简单来说，人机协同就是使人与机器和谐共处，让智能机器人和人分别从事自己擅长的领域，从而使人类生活变得更美好。在高校思想政治教育中，人机协同能够有效地增强思想政治教育主体和客体交互，从而开启高校思想政治教育主客体交互的新境界。

在人工智能时代，每个人拥有平等的地位，他们获取信息和知识的方式更加便捷。随着受教育者信息获取渠道不断扩展，信息量逐渐扩大，他们的自主、批判和创新意识也逐步提升，对思想政治教育者的回应日渐突出。同时，人工智能技术应用于高校思想政治教育中，实现了思想政治教育线下线上协同开展，主客体之间的互动交流越来越频繁，互动关系也朝着双向发展，有效地消解了主客体之间的单向度关系。此外，人工智能通过对人们数字化的状态进行掌握和分析，能够实现对个体或群体思想动态的掌握。在思想政治教育过程中，人工智能技术能够助力高校思想政治教育者对受教育者实现全方位了解，把握受教育者的特定需求，从而做到因材施教、个性化施教，为消除"教"与"学"的单向关系提供技术支持。

2. 智能识别与推荐促进了受教育者个性化学习

实施个性化教学，促进受教育者实现个性化学习，是增强思想政治教育吸引力和实效性的内在需要。但是，由于高校思政课师资队伍不够壮大，教学活力稍显不足，因此，在很长一段时间内，高校都采用"大班制"的教学模式，这在一定程度上忽视了高校学生的个性化学习需要，使教学效果无法得到有效保证。人工智能时代，智能识别与推荐技术为受教育者进行个性化学习提供了有效手段。

智能识别技术在我国教育领域中应用时间最早，发展较为成熟。当前，人工智能应用软件多样化，与大学生的生活息息相关。智能识别技术应用于高校思想政治教育中，能够帮助思想政治教育者对受教育者的学习行为进行分析。通过分析这些数据，可以更准确地判断大学生的思想、行为和未来的发展趋势，在此基础上对某一人或某一个特殊群体的思想、理论认识进行进一步的勾勒，并以此刻画为一个生动的图谱，从而对思想政治教育的现实情况进行准确认识。

得益于智能识别技术前期的工作，人工智能能够根据所得出的数据为受教育者专项推荐视频、图像、语音等资料，并定制个性化的学习方案和学习内容，从而做到精准推荐，最终促进受教育者实现个性化学习。现阶段，个性化推荐系统是教育界众多学者研究的热门。总体而言，智能识别与推荐交叉应用，在很大程度上能够满足学生的个性化学习需求，为提升高校思想政治教育的实际效果起到了很大的促进作用。

3. 实现了高校思政课的智能化课堂考勤

高校思政课的考勤是课堂教学的重要环节，既体现了学生的学习态度和学习状态，也体现了高校思政课在大学生群体中的重视程度和吸引程度，更体现了教师的教学胜任力，而高校思想政治理论课作为公共政治大课面向高校全体学生，一堂课往往有来自不同班级、不同专业的学生，人数较多，每次课前考勤就要花费教师和学生大量的时间和精力，极大地占用了课时不多、本应该用作教学讲授的课堂时间，而人工智能可以为提升课堂考勤效率提供技术帮助。引入教育大数据、人脸识别、面部获取等技术来检测学生的课堂考勤、学习动态和课堂表现。通过打造具有智能软硬件和智能终端的教室，硬件方面至少需要云平台、服务器和有智能黑板和智能多媒体设备的智能讲台，软件则需要内嵌智能学习系统、人机交互系统、智能管理和评价系统等，而自然语言理解可以开展机器翻译、信息检索和过滤、自动摘要等应用功能，以 AI 助教的身份令考勤更加智能化。首先，通过教育大数据提取本堂思政课程应到的学生名单及其院系、班级归属，然后通过在教室里设置的面部获取和人脸识别镜头对每一位进入教室的同学快速扫描打卡、实现自动考勤。其次，在课堂开始前及时播报本教室的教学课程、教学老师、上课时间和落座提示等，并即时对正常落座、迟到、旷课、请假等不同考勤情况都做好相应的记录。最后，课程结束后即时梳理出一份动态的考勤统计表，存档于思政课程负责教师的课程管理记录下，以供思政课教师在课后或学期末需要考勤统计、考勤分析和考勤成绩时可以随时查阅而不被泄露，不仅极大地提高了高校思政课程的考勤效率，方便了思政课教师对所负责的思政课程班级的管理和教学、动态地把握学生的出勤状态，这样可以在当特殊情况发生时有据可查，而且透过考勤数据可以了解教师的教学能力和思政课程吸引力，从而及时地对高校思政课进行调整和完善。

4. 双师教育优化了思想政治教育资源

在传统的高校思想政治教育中，思想政治教育者占主导地位，教育者采取单向灌输的方式向受教育者传播新知识、新理论。通常，高校思政课教师的主要任务是审定教材大纲、设计教学环节、创新教学方法、运用教学手段开展教学实习、实施考核评估等，从某种意义上来说，传统思想政治教育主体具有单一性。然而，随着人工智能技术的飞速进步和发展，人工智能技术逐步深入地应用于高校思想政治教育中，高校思想政治教育的主体也开始从单一化走向多元化，单一化教学模式向着多元化的智慧课堂模式转变，实现了双师教育。"双师"在人工智能时代指的是真实存在的教师与人工智能教师。在教学中，思政课教师和人工智能机器都是以学生为本，进行理论授课。由于人工智能不会受到外部环境的限制，也不会受到自身的精力和情绪的影响，因此，它可以在任何时间、任何地点进行思想政治教育，从而能够更好地满足大学生对思政课的需求。

在高校思想政治教育中，环境是保证思想政治教育顺利进行的一个十分重要的外部因素。思想政治教育环境需要教育资源的支持，如果没有良好的教育资源，那么不管是对于学校还是学生来说都不能长久。双师教育要想在高校思想政治教育中发挥优质的效果，就必须从教师资源与教育资源两方面入手进行优化。一方面，人工智能教师的出现对思想政治教育者的教学压力起到了一定程度的缓解作用，这样就可以让思想政治教育者有更多的时间与精力来提高个人的素质能力，从事更加有意义、有深度的思想政治教育活动。另一方面，人工智能时代，依托于人工智能技术许多别具一格的教育方式陆续出现，包括虚拟人设、VR 投影等方式，让学生对课堂充满遐想。此外，双师教育不仅能够在一定程度上缓解我国偏远地区思想政治教育资源匮乏的问题，而且能够使我国偏远地区的教育资源得到充分优化与利用。

5. 智慧课堂完善了思想政治教育评价

作为思想政治教育非常重要的环节之一，思想政治教育评价能够评估和检验思想政治教育的效果，有效地引导思想政治教育活动，从而使思想政治教育按照社会所要求的方向进行。然而，在传统的教学体制下，由于学生数量较多，加上受到技术层面的局限，思想政治教育者无法及时采集教育过程中学生产生的数据，这样就缺乏对思想政治教育过程进行评估，最终只能采用单一性、结果性的终极评价。同时，在思想政治教育评价中还往往依赖于教育者对受教育者的主观评价，忽视了受教育者自身及学生之间的评价，使得评价不够科学合理。久而久之，容易形成片面化、不合理的评价结果，这对思想政治教育的长远发展极为不利，影响了高校思想政治教育的创新发展。

随着人工智能时代的到来，依托于人工智能技术的智慧课堂，能够对思想政治教育实现全方位、全过程的监督与评价，为解决受教育者的评价问题提供了重要支持。智慧课堂教学的评价模式是以动态的方式进行的，即能够对整个思想政治教育过程提供学习诊断和评价服务，并可以根据教师和学生的实际需求实时反馈评价结果。这其中包括评估和反馈学生的课前预习、对思政课教学进行即时性的反馈以及对学生的课后作业进行检查与跟踪反馈，这样使整个评价过程向着即时性、过程性、动态性转变，从而完善了思想政治教育评价体系。

6. 提升了高校思想政治教育科学管理水平

高校思想政治教育不仅仅是上几次思政课而已，信息收录、就业指导、心理咨询、资助管理、学业辅导等都属于高校思想政治教育的内容，都是围绕高校学生开展思想政治教育管理工作的重要组成部分。结合人工智能大数据、深度学习算法和人机交互系统，引进智慧辅导员管理系统，将高校辅导员从事务性工作中解放出来，将育人职责有序地划分到各教育者身上，教育者就能有更多的精力和机会关注每个学生的发展动态，让高校思想政治教育从管理育人向服务育人模式转变，体现"育人"中心意义，并最终回归培养社会主义建设者和接班人的出发点。国内已有专为辅导员设计的数字化协同办公服务 APP——辅导猫，已开发出考勤留痕、在线请销假、创建学生信息库等功能，打通了学工处、辅导员与学生之间的信息分享通道，精细化管理学生校园行为，显著提高了高校辅导员的工作效率。因此，更全面、更智能化的智慧辅导员管理系统，可以极大地促进高校辅导员的专业化建设。

首先，智慧辅导员管理系统帮助实现高校辅导员职位的人岗匹配。从高校辅导员的从业申请筛选开始，就全面分析岗位申请者的思想政治观念、道德品行和守法档案、心理健康素质评价以及专业水平等信息，帮助高校辅导员专项岗位筛选合适的人才。入职后保持辅导员的行为数据留痕与分析，解剖辅导员的教育行为以及时改进学习。在学校系统里秉着全员育人的原则，根据各部门各岗位的工作情况科学合理地划分职责，从而避免工作疏漏、分配不明、责任推诿等不良现象。

其次，智慧管理系统可以提高教育数据收集整理的效率。在高校事务性工作中，评优评先、贫困认定、医疗保险以及奖助学金等各类数据收集和表格填写都属于辅导员的工作重点，但不同目的和类别的数据整理、填写要求规范各有不同，使得这类事务性工作既属于重复行为，又有本质差别。智慧管理系统由于具备海量数据和超级计算能力，经深度学习后可快速提取、智能替代重复数据的收集和生成过程，按要求帮助完成具体的数据填写工作，大大减少了因格式不规范、个别信息难以导入或填写错误等问题带来的巨大工作量，提升了工作效率。

最后，智能助理能够最大程度地分担高校思想政治教育事务性工作，有效地解放了高校辅导员。高效率的工作使辅导员有了更多的时间和精力钻研新知识、新技术、新教育理念，在思想上与时俱进，学习人工智能技术应用，接纳高校思想政治教育正在出现的以及未来将会发展的新变化；在行动上投身于智能时代个性化教育的探索与实施，为个性化教育的普及和发展创造条件。

7.促进了高校思想政治教育服务育人

与普通编程机器人不同，智能机器人至少具备了感觉、反应和思考三要素，同时拥有大数据、深度学习、自然语言处理、机器感知、计算机视觉、语音识别、情感计算等智能技术，可以说是人工智能技术的集大成者，智能性更强，在认知学习、理解语言、人机交互、综合处理模糊信息等方面有望突破。

在高校思想政治教育工作中，以智能机器人形态的智能机器助理有助于推进"双教育者模式"，开展范围更为广泛的思想政治教育，作为除人类教育者以外的另一种突破时空限制的"教育者"，通过智能终端高效即时地回复学生提出的疑惑和解决问题，整合后可向相关的高校思想政治教育工作者反馈，不仅分担了教育者的压力，而且"零时差""零疏漏"的工作模式也给予了学生巨大的便捷。由于高校学生处于青少年到成熟青年的过渡时期，心理上多数敏感、易受影响，个人情感隐私问题、未来人生规划问题、来自家庭的复杂情况等问题往往非常复杂，如果不及时纾解压力、发泄情绪、寻求帮助，极有可能向极端化方向发展。高校思想政治教育要尽力避免这样的结局，通过教育使学生走上光明正道。当学生不愿意面对教师时，智能机器人可以接收来自匿名学生的求助，化身为陪伴机器人，通过智能性极强的人机对话、压力承担、科学评估等方式完成基础的答疑解惑、心理排解，在必要时智能机器人建议学生主动向人类教师寻求帮助，这样面对个性迥异、思想复杂、心理敏感的学生也能循序渐进地做好高校思想政治教育工作。

二、高校思想政治教育改革面临的挑战

（一）全媒体时代高校思想政治教育改革面临的挑战

1.教育主体的能力素养有待提升

全媒体时代，更加多元的教育主体参与到思想政治教育之中，对思想政治教育者的知识体系、理论素养、政治素养、教学技能、教育理念、人格魅力等都提

出了更高的要求。当前，教育主体的范畴不断扩大，但不同主体的能力素质有所差距，对于马克思主义理论的理解和把握也就有所不足。在教育客体个性化、教育介体多样化和教育环体复杂化的共同冲击下，多元教育主体呈现出权威优势不断弱化的趋势，给高校思想政治教育带来了更多的考验。

第一，多元主体的协同突围能力有待加强。全媒体时代，高校思想政治教育过程中充斥着各种不同的立场态度，不同价值取向的议题、意见和观点，不断冲击着主流价值观的传播。同时，一些大学生容易禁锢于自我构建的信息圈中，圈外的教育者在积极发声发力，圈内的学生却将信息拒之于圈外，最终陷入"信息茧房"的桎梏之中。当前，多元化的育人主体可以依托全媒体展开更加密切的合作，但是协同突围的能力还需要进一步提高，还需要进一步整合贯通育人工作队伍。因此，打通思想政治教育的"最后一公里"，就需要构建协同育人队伍，提高协同突围能力，从而提升协同育人水平。

第二，多元主体的综合素质不够全面。全媒体时代，大学生不再满足于被动地接收知识，而是倾向于主动更迭知识。面对各种高密度、强刺激的信息输入，大学生对于情绪冲击大、感官刺激强的信息内容的敏感度更高，更加倾向于前沿新鲜的信息内容。对于思想政治教育者传递的冲击力不够强烈、需要反复琢磨思考的信息内容，大学生可能就不会产生足够的关注，就有可能形成"言说量大、应答者少"的局面，对多元主体的知识体系、媒介素养以及育人理念等方面形成考验。当前，多元化的思想政治教育者普遍对国家方针政策的熟悉度高，密切关注和持续追踪最新理论成果，但对于大学生较为关注的网络热点、重点和难点问题的了解度和敏感度还有待提升。同时，不同教育主体之间的知识水平和教育理念也有差距。因此，需要多元主体主动丰富自身的综合素质，才能更好地应对全媒体时代的冲击考验。

第三，多元主体的引导能力有待提升。全媒体时代，意识形态领域复杂多变、新情况频发，不断考验着多元教育主体的话语表达能力、信息把关能力和议程设置能力，增加了高校思想政治教育有效传播的难度。如果教育者不能及时选取与大学生"共需""共通"的话题，不能主动运用与大学生"共情""共感"的话语，就不能很好地将大学生吸引到思想政治教育的特有空间，就会导致主流意识形态阐释得苍白，社会主义核心价值观传播得无力。思想政治教育者无法吸引大学生的有效参与，真理也就自然难以传达到大学生的耳中、脑中、心中，就有可能产生"有话说不出、理道讲不明"的尴尬境地。多元教育主体的引导合力不是一朝一夕就可以形成的。因此，需要思想政治教育者在育人实践中不断增强引导能力。

2. 大学生的感知方式和价值取向发生了变化

大学生对于教育资源进行解码内化、编码输出的过程，往往依据自身已有的感知方式和价值取向进行衡量评判。全媒体时代，不同的成长经历、生活环境、兴趣爱好、教育背景使大学生的感知方式和价值取向呈现出明显差异，大学生更容易凭借个体的感性认知获取信息、表达观点，进而影响自身的行为选择。大学生呈现出内生需求个性化、信息获取差异化、网络社交圈层化的发展趋势。倘若大学生仅凭个人喜好获取和传递的信息，容易导致价值观念与主流意识形态相背离，思想政治教育的效果就会大打折扣。

①大学生的内生需求个性化。需求是产生主体行为的原动力。大学生有获取真理的需求，才会产生学习真理的行为，推动育人活动的开展。同时，大学生对于思想政治教育的接受时间和接受程度往往也取决于主体需要。因此，要想做好思想政治教育工作，必须抓好"主体需求"这个关键问题。全媒体时代使大学生的主体地位得到了充分的尊重，也得到了放大个体价值的机会与空间，激发了个性化的主体需求。重视自我满足成为大学生群体的心理动机，个性化的自我表达成为大学生群体的思想诉求。大学生对思想政治教育的需求日趋清晰和多样，渴望思想政治教育者关照自己的需求，乐于向思想政治教育者表达自己的诉求。如果思想政治教育不能满足大学生的内生需求，那么大学生就有可能避开自己不感兴趣和不想接受的教育内容，也就为无效内容甚至是有害内容填补大学生的需求空白创造了机会，进而弱化了主流意识形态对于大学生的感召力度。因此，全媒体时代，高校思想政治教育者更应关注大学生的内生需求以及变化趋势。

②大学生的信息获取差异化。习近平总书记强调，"加大对学生的认知规律和接受特点的研究"。因此，准确把握大学生的接受特点和接受状况就显得尤为重要。全媒体时代，大学生群体的代际差异被进一步放大，而这种差异最终演变为大学生在信息获取层面的差异化。面对海量密集的信息内容，大学生虽然拥有选择信息的主动权，但是过滤无效信息、筛选有效信息的难度进一步增大，容易出现基于自身主体需求对主流意识形态进行碎片化拾取、选择性理解、情绪化解

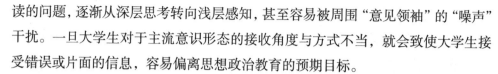

读的问题，逐渐从深层思考转向浅层感知，甚至容易被周围"意见领袖"的"噪声"干扰。一旦大学生对于主流意识形态的接收角度与方式不当，就会致使大学生接受错误或片面的信息，容易偏离思想政治教育的预期目标。

因此，大学生信息获取的差异性是影响主流意识形态接受效果的重要因素，理性的批判意识和科学的能力素养是大学生应对信息泛滥的必要素质。

（二）大数据时代高校思想政治教育改革面临的挑战

1. 思想政治教育主体运用大数据存在滞后性

在运用大数据的过程中，思想政治教育主体对大数据技术应用的多少在一定程度上决定了高校思想政治教育的效果。思想政治教育主体的大数据意识不强是大数据应用于思想政治教育效果不佳的一项重要原因。大数据技术的使用是针对多样化、个性化服务的，只有提升主体的大数据意识，才能更好地解决复杂的、充满变化的思想政治教育情况。大数据的更新和创新是飞速的，因此思想政治教育主体在运用大数据时会存在滞后问题，主要表现在思政课教学内容和教育模式的滞后。主体在运用的过程中要想获得有价值、有深刻洞见的信息内容，那么就需要主体时刻关注并把握大数据的动向，由自身内化进而外化，最终变成行为习惯，形成社会发展所需要的行为品格。思想政治教育主体既包括学生群体，也包括思想政治教育者，二者的良好互动和良性学习才能构建和谐的师生共同体，在运用大数据的过程中，应该重视彼此之间的互学互助，尊重和保护彼此的话语权，以解决大数据技术运用的滞后性问题。

2. 思想政治教育者面临着思维挑战

大数据时代，整体思维、关联思维和模糊性思维不断被强调和鼓励，高校思想政治教育工作者的思维方式也相继产生了转变，然而，高校思想政治教育工作者仍然面临着思维方面的挑战，大数据思维的生成过程中存在一定的阻碍，教育与管理工作中的研究范式转变困难，部分思想政治教育工作者思维固执和僵化，导致高校思想政治教育工作中思维方式转变困难。

第一，大数据思维的形成受到抑制和阻碍。大数据技术在高校中的普遍应用并没有迎来教育者普遍的思维变革，受到传统教育观念的束缚，高校部分教师很难理解和认同大数据的价值和功能，在一定程度上限制了大数据思维方式的形成。

第二，思想政治教育工作中研究范式转变困难。人工智能和大数据技术的普及，使教育领域内研究范式发生变化，从传统的定性研究向定量研究转变。然而，传统的理念认为思想政治教育的研究对象是"人"，人的行为和情感无法用定量化的方法来判断，传统的定性分析研究方法成为思想政治教育量化研究的阻力。大数据的量化研究方法弥补了传统方式的不足，通过对思想、情感实现量化分析，能够帮助思想政治教育工作者判断学生思想行为的动态走向。通过建立思想政治教育的大数据平台，数据的收集、存储和分析的能力得到提升，突破了以往对传统有限数据收集分析方式的束缚，人们的思想、情感也能通过数据实现量化并对其进行定量研究。

3.思想政治教育工作面临着技术挑战

当今社会日新月异，计算机信息技术、统计学、软件学等技术也在社会上变得更加重要，同时也进一步要求大数据更深刻地融入到思想政治教育过程之中，如云储存中的文本、图片、视频、音频、动画等数据都是海量的，要想利用大数据实现数据信息价值的最大化，就要熟练地掌握处理数据的各类技术，如数据挖掘技术、数据收集技术、数据分析等技术，这对高校思想政治教育工作者来说是一项挑战。

第一，大数据技术本身需要进一步完善。在互联网时代，信息技术日新月异，数据技术以及产品更新速度快，一些技术性的漏洞还未弥合就又出现新的问题，而实现数据的融合问题关键在于解决技术性问题。在硬件设施建设上，原有的硬件设备较为落后，信息数据资源库发展建设缓慢，与较为完备的技术设备无法匹配，大多数高校的数据平台搭建较为陈旧和简单，设施设备不够齐全，缺乏与之配套的数据共享和交换平台，缺乏先进的数据分析工具。例如，一些学校还未搭建大数据中心平台，未建立统一的数据库；有些学校虽然建立了数据交换与共享平台，但是各业务部门之间数据处理系统模式不同，未形成统一的标准，需要不断实现数据设备的更新与维护。

第二，大数据技术在具体操作上存在困难。思想政治教育工作者对大数据技术的了解程度不够，在数据的挖掘、采集、储存、分析上存在一定的困难。首先，数据收集存在难度。思想政治教育的数据信息来源复杂，不仅有来自学生校园学习生活的数据，如一卡通、校园网、学生信息服务系统等平台的数据信息来源，也有通过手机、电脑等产生的文字、图片以及视频等非结构化信息。信息的类型复杂多样加剧了数据收集的难度。其次，数据分析存在障碍。当前，学校内部各业务部门都设计了相应的应用、数据信息系统，但同时也产生高校各业务部门获取的信息存在着表述不一致、信息不完整、内容不规范的问题，给数据分析造成了障碍。最后，数据管理上难度大。数字化校园与智慧校园仍处于探索应用阶段，虽然为学校的教学与管理提供了科学化的决策，但数据的管理难度仍较大。学校信息化建设缺乏有效的总体规划、重复建设，缺乏统一的设计标准，信息共享存在一定的困难，缺乏一个面向应用、安全可靠、操作方便、规范统一的数据共享与交换平台，为学校教学、科研与管理提供统一规范的数据服务。不管是数据挖掘、数据采集，还是数据存储和分析，每一个环节都至关重要，任何一个环节出现了差错都会产生严重的后果，因此对技术的要求性极高。不管是技术操作、技术之间的融合联通，还是后期技术的安全维护问题都是一项极具挑战的工作。

4. 大数据时代的思想政治教育环境过于复杂

思想政治教育环境随着大数据时代的到来变得越来越复杂，大数据技术的更新，使得思想政治教育环境的安全性伴随着不确定性，负面影响的充斥将会打击高校思想政治教育的成效。基于环境的复杂性，高校应该转换思维，除跟踪溯源，及时肃清网络，还应该注重提升学生的防范意识，即在提升社会环境的正面教育的同时，还需要防范网络环境的负面影响，在对大学生进行思想政治教育的过程中，应该注重传播网络正能量，推动网络文明建设，引导学生积极解决思想上的问题。

5. 大数据读取信息存在隐私安全问题

大数据的价值潜力是巨大的，由于大数据的这种价值潜力极大地刺激了不法分子利用数据的野心，因此对于个人信息和数据的进一步使用使隐私安全问题日益严重。当大数据技术应用于高校思想政治教育，大数据的价值将不再仅仅局限于对于大学生信息读取的基本操作，更重要的是对于学生数据的二次利用，这也就意味着会出现两种结果。因此，学生的隐私保密问题将会成为数据收集利用的一大问题，即便是在征得本人同意之后，实际上的隐私声明是否达到效果也将未可知。大数据建立了可计算的物相对于不可计算的物的权力，而这种区分的权力在应用于人的思想情感上是无法决定什么是正确、什么是错误的，这需要道德的评判和法律的力量。隐私安全之重，是每一个数据被使用者极度关心的问题，尤其是针对大学生的思想政治教育，让学生数据得以安全使用是需要考量的重中之重。当然，在解决隐私安全这一问题上，除了秩序和制度的完善，更重要的是人在思想层面的提高，这也是大数据应用于高校思想政治教育的社会价值的体现之一。

6. 垃圾数据和不良网络社会思潮的侵蚀

垃圾数据和不良网络社会思潮的侵蚀是高校思想政治教育面临的挑战之一。大学生在海量信息中接触到垃圾数据，可能无法客观地处理这些数据，因此对于思想政治教育者是一个极高的挑战，需要他们多方面地考察问题的原因，结合各个因素彻底解决问题。目前，大数据技术是人们获取信息的一个重要手段，因此在获取所需信息的过程中，垃圾数据会影响一个人的效率，而不良网络社会思潮则会侵蚀一个人的思想。大数据的精准定位能够把握大学生的上网理念和网络诉求，在这种情况下大数据技术就是一把双刃剑，一方面它会为垃圾数据的产生和不良网络社会思潮的传播提供场所，另一方面能够实现对大学生的"对症下药"，引导大学生树立正确的思想主张、价值标准以及政治立场等。因此，面对这样的问题，技术的提升是一方面，思想的引导则是另一方面。

（三）人工智能时代高校思想政治教育改革面临的挑战

1. 受教育者更加依赖机器

对受教育者来说，人工智能造成了"信息茧房""浅学习"等现象，并在一定程度上弱化了学习者的个人能力。

首先，过度依赖人工智能可能给受教育者造成"信息茧房"困境。"信息茧房"一词最早由美国哈佛大学法学院教授凯斯·桑斯坦提出，用于指代网络技术的发展对人产生的一种副作用，即用户在海量信息中自主选择自己感兴趣的话题，久而久之，不自觉地形成一套"个人日报"式的定制化信息系统。在思想政治教育中，"信息茧房"的出现，一方面束缚了受教育者的自由。算法推荐为受教育者关注自身感兴趣的话题提供了便利。从表面上看，技术进步保障了受教育者自由选择的权利，但这种群体生活实质上加深了个体与外部世界的隔绝，在事实上束缚了受教育者的自由权。另一方面，困于"信息茧房"之中也不利于受教育者的全面发展。智能算法的协同过滤系统，能够根据相似偏好用户的行为，为目标用户推送相似内容。一旦用户表现出对某类信息的偏好，算法将最大程度地为用户推荐此类信息，这可能导致信息结构失衡，不利于人的全面发展，与思想政治教育培养自由而全面发展的人的目标相悖。

其次，过于依赖人工智能可能导致"浅学习"现象的流行。在思想政治教育中，大数据为人们带来丰富多样的信息资源，但这些信息资源在满足人们正常需要的同时，也给人们生活带来了一定的困扰。如何挑选信息、切实运用好信息、充分挖掘信息的价值，成为人们探讨的重点。爆炸式增长的信息无时无刻环绕在人们身边，这意味着学习信息是无限的，而人们的学习时间却是有限的。在快节奏的现代社会，充分利用碎片化时间来学习，似乎是一种两全其美的学习方式，因为它既能将空闲时间利用起来，又能发挥信息的作用。于是，这种碎片化学习很快被人类社会接受，并逐步成为一种新的趋势。然而，这种学习方式偏向于粗略、浅显的浏览，它侧重于掌握重点，而忽视对整个知识体系的深入理解和把握，不利于培养学习者的深度思考能力和逻辑能力。例如，我们可以通过"学习强国"平台进行思想政治教育学习，平台中信息丰富、功能强大，能够打破思想政治教育的时间和空间限制。但学习者在面对海量信息时，可能仅处于"浅学习"状态，虽然这一过程会带来满足感和成就感，但更多的是"走马观花"、一知半解。在人工智能时代，智能机器为人们提供了更多选择，但如何合理分配时间、选择最优的学习路径，还有待于人们进一步思考和探索。

最后，过于依赖人工智能可能弱化受教育者的个人能力。人工智能可以敏锐洞悉学习者的需求，为学习者提供人性化服务，提高思想政治教育的效率。但是，过于依赖机器可能弱化学习者的自主判断和独立思考能力，个体思维被机器所左右，导致教育难有真正的成效。一味地利用机器解决问题可能会造成学习者对机器的依赖，使学习者的惰性不断增加，自主学习能力越来越被弱化，并且难以培养受教育者良好的道德品质。而思想政治教育意在培养学生的辩证思维能力和创新能力，而不是单纯注重个别问题的解决。高校思想政治教育对人工智能的运用要遵循适度原则，决不能让人沦为机器的附庸，失去独立思考的能力和自主地位。

2. 教育者承担更多的压力和社会责任

对于教育者来说，人工智能的出现要求教育者具备更高的知识和技能水平，同时承担更多的社会责任。

首先，人工智能技术的出现与普及，要求思想政治教育者具备更多的知识与更高的技能水平。一方面，思想政治教育能够凭借科学技术的优势，对传统的教学方式推陈创新，打破过去在思想政治教育工作方面的一些局限。思想政治教育运用人工智能技术是满足自身需要、顺应时代发展大势的必然选择。另一方面，技术的进步会推动劳动力结构发生变化，机器取代部分劳动力的工作，使劳动力价值下跌。教师需要具备一定的使用科技的能力，不然就会面临劳动贬值的危机。所以说，人工智能技术虽然方便了教育工作，提高了教育者的工作效率，但并不意味着教育者没有了一切负担，完全将教学交于机器处理。人工智能带来的新知识和新问题，要求教育工作者的持续探索、不断实践、终身学习，在工作中及时调整和反思自己，向人工智能背景下的新型教育工作者方向发展。

其次，思想政治教育者需要承担更多的社会责任。人工智能的出现降低了思想政治教育者的时间成本，为教育者减轻了教学过程中的负担。但是，机器也存在局限性。一方面，机器毕竟只是一种工具，它有可能出现错误或发生故障，也存在难以企及的盲区。如果教育者不加考虑地将工作全部交付给人工智能机器，也不对教学进行反思，那么人工智能就不再只是一种辅助思想政治教育的工具，而会发展成为一种异化力量，制约着教育者的行为。教育者需要花费时间和精力，去关注人工智能在思想政治教育应用中的整个过程，反思其得到的结果，并在教学中不断做出调整。另一方面，人工智能本身是没有价值观的，需要教育者注入正确的价值观念。思想政治教育者要牢牢把握住思想阵地，防止人工智能被错误的价值观和意识形态侵蚀，防止智能技术被别有用心之人利用。从表面上看，人工智能解放了教育者，但实际上教育者可能面对的是更复杂的工作。教育者已恢复的自由时间或许再次被剥夺，更多的压力和社会责任需要教育者们来承担。

可见，人工智能的发展对教育者和受教育者都提出了新的要求，甚至可能在一定程度上影响人在思想政治教育过程中的主体地位。马克思曾经说过："人是主体的自然，是客体的自然。"传统的思想政治教育认为思想政治教育过程的主体，就是思想政治教育活动的发动者、组织者和实施者。而"双主体说"将教育者和受教育者都看作是思想政治教育过程的主体，因为受教育者也主动学习和实践，同样具有主动教育功能。无论秉持哪种观点，值得肯定的是，思想政治教育的主体只能是人，不能是机器或其他教育工具。在人工智能时代下，教育者和受教育者都要积极应对人工智能带来的风险挑战，坚持人在教育过程中的主体地位，切不可沦为机器的附庸。

3. 智能驱动下思想政治教育环境更为复杂

人工智能时代为高校思想政治教育提供了智能化环境，但受人工智能时代智能驱动特点的影响，思想政治教育环境日益复杂化。

第一，国际环境影响。我国正处于经济文化迅速发展的时期，当前国际、国内各种思潮蜂拥而至。由于辨别能力和社会经验缺乏，大学生在利用人工智能软件了解社会事件及国家相关政策时，获取的知识较为片面，且有些知识是没有经过检验的。这样复杂的国际环境不利于大学生接受良好的思想政治教育，加剧了高校思想政治教育开展的难度。

第二，高校环境影响。学生长期处于高校环境中，可以说，高校环境对大学生的影响是潜移默化、耳濡目染的。高校思想政治教育者自身的智能化素养、对人工智能平台应用的程度以及思想政治教育者通过人工智能平台对学生的关注程度都会对思想政治教育产生重大影响。此外，随着人工智能平台在高校思想政治教育中的应用，高校思想政治教育的空间发生了变化。高校思想政治教育空间不再局限于传统的课堂，而开始向人工智能平台拓展。现实空间与虚拟空间的交叉，使思想政治教育环境变得复杂。

第三，家庭环境影响。家长是学生的第一位教师，他们在学生的世界观、人生观、价值观形成等方面扮演着重要的角色。当家庭与人工智能产生复杂联系时，那么必然会对学生产生深刻的影响。

第四，高校思想政治教育者和受教育者在使用教育资源的过程时，与之进行交流沟通的对象较为复杂，不仅有高校教师、学生、上级主管部门，还有很多未知的对象。同时在这个过程中所使用的数据资源，并不完全是专家学者所提供的，部分内容可能是人们自发形成、集思广益的结果，这就增加了高校思想政治教育环境的复杂性。

第三节　高校思想政治教育改革新发展

一、高校思想政治教育改革创新发展的驱动力

随着互联网和大数据技术的不断发展，数字化、网络化和智能化日益成为高校思想政治教育创新发展的态势。为了更好地巩固社会主义意识形态的主导地位，落实立德树人的根本任务，实现思想政治教育的高质量发展，就需要思想政治教育寻找创新发展的驱动力，把握传统和现代结合、现实和虚拟结合的发展趋势。

（一）数字驱动

如今，随着互联网、大数据、人工智能等新兴数字技术的迅猛发展，形成了新的技术制式和技术平台。数字驱动可以不断对高校思想政治教育资源进行优化整合，从而更好地保障思想政治教育的数字化发展。教育领域的数字驱动强调通过数字化形式转换教育方式，形成新的教育应用框架。高校思想政治教育的创新发展离不开数字技术的赋能。

（二）网络驱动

高校思想政治教育是一个复杂的系统，包含多重元素以及变量。在互联网技术和大数据技术的支撑下，网络驱动促进传统与现代的融合以及现实物理空间和网络虚拟空间的融合。网络驱动相较于数字驱动而言更侧重于从面位拓展，这是对以点位突破的数字驱动的进一步发展。

（三）智能驱动

高校思想政治教育创新发展的智能驱动顺应了时代发展的必然要求，推动了高校思想政治教育的智能发展。高校思想政治教育创新发展在智能驱动下将人的自由全面发展以及网络社会的不断发展作为应然任务以及价值旨归，能够推动教育环境、教育资源、教育模式等各要素内部和各要素之间实现点、线、面的立体化融合，为高校思想政治教育探寻全程、全方位的立体式发展道路。

二、高校思想政治教育改革创新发展的路径探讨

（一）创新思想政治教育理念

首先，传播全面发展与以人为本的教育理念。思想政治教育工作的目的是稳定大学生群体的思想意识形态，传递中国特色社会主义核心价值观。传统教师占据主导地位的教学理念和方式，无法让教育内容触及学生的心灵。作为高校思想政治教育工作者，需紧跟时代发展步伐，树立先进的教育理念，为思想政治教育工作改革提供思想保障。一是深入贯彻党的二十大精神，把握教育现代化的发展趋势和要求，加强对教育信息化建设的重视。二是传播以学生为中心的教育理念，尊重、理解和爱护各学生主体，将立德树人的教育任务贯穿思想政治教学全程。三是传播全面发展的教育理念，加强对大学生群体现实需要、未来发展的密切关注。四是传播开放、发展理念，不断整合前沿的教育信息化成果，推进高校思想政治教育工作的与时俱进。

其次，传播个性化教学理念。了解大学生的个体差异和基础层次，传播因材施教、因需施教的理念。教育工作者施行"互联网＋思想政治教育"的模式，对大学生进行思政教育的专项训练，实现线上批改作业、生成报表等，通过个性化分析充分了解学情，为个性化教学理念的传播奠定良好的基础。

最后，传播共享化教学理念。依托信息化平台搭建师生学习的共同体，整合与共享、讨论前沿的思想政治教育资料，拓展师生的知识面和眼界，促进师生的共同进步。

（二）创新思想政治教育的方法

由于思想的解放与教育改革的不断发展，人民群众接受高等教育逐步形成普及化的态势，迅速发展的科学技术对于人才的素质也提出了更高的要求。在现代社会发展的新形势下，高校学生的思想状况也呈现出新的特点，高校要提升思想政治教育质量，就需要抛弃以前老套的教育理念与方法，主动对高校思想政治教育方法进行变革与创新。

习近平总书记在全国思想政治工作会议上已明确指出高校思想政治教育的"主渠道"的就是课堂教学。不论时代怎么变化，思政课堂永远都是高校思想政

治教育教学最基础、最广泛，也是最直接、最主要的教学方式。思想政治教育工作者在思政课堂教学过程中对学生灌输理论知识的同时带动学生深入了解思政课堂的意义和感受马克思主义的魅力，使学生进一步受到思政课堂的感染与启发，能够更加坚定地信仰马克思主义。

高校思想政治教育工作者应利用互联网、大数据等技术探索新的方法对学生进行思想政治教育。指导学生使用在课堂所学到的理论进行分析，评估现实中存在和出现的问题，将其探究结果上传到教学平台或相应的在线演示文稿中，使高校师生进行交流和互动，从而有效地激发学生的学习热情，提高学生的思想意识，最终实现自我价值。

（三）完善思想政治教育的内容

依托互联网对高校思想政治教育内容进行优化完善，可以增强大学生的学习兴趣，开阔大学生的视野，使高校思想政治教育的有效性得到提升，相关举措包括以下几点：

首先，深入剖析现有思政课程资源。在对高校思想政治教育内容进行优化完善之前，应该对高校现有的思想政治教育课程内容进行有效的了解，然后从增强思想政治教育实践性、体现思想政治教育针对性、提升思想政治教育时代性等方面入手，对高校现有的思想政治教育课程及内容进行优化完善，助力高校思想政治教育获得纵深发展，使学生多样化的思政学习需求得到切实满足。

其次，开发利用互联网教育资源。互联网时代的到来，高校教师和学生通过互联网获取信息和进行学习变得更为便捷，互联网上拥有着许多与思想政治教育相关的资源，高校开展思想政治教育创新工作，就可以紧跟时代发展步伐，对互联网上存在的思政课程、社会事件、社会文化资料等资源进行深度挖掘与利用。然后将之与课堂思政教学内容相互融合，可以体现思想政治教育内容的新颖性、有趣性和时代性，通过这些内容对高校学生思想、理想、行为等进行有效引导，使其朝着更好的方向发展。

最后，积极构建思想政治教育资源库。高校在对互联网上存在的思想政治教育资源进行开发利用时，也要考虑到互联网上的思想政治教育资源类型具有多样化的特征，为实现高校思想政治教育对其更为科学、高效的利用，就可以积极构建思想政治教育资源库，对开发提炼的思想政治教育资源进行分门别类的管理，如最新形势政策、传统优秀文化、真实社会事件、先进人物榜样、思想政治教育活动场地等，通过这些资源库发挥作用，可以为高校思政理论、优秀文化、思政实践等教学提供强有力的支持。

（四）优化思想政治教育的环境

1. 创设和谐稳定的社会环境

人不是独立的个体，而是社会关系的存在，人的本质是一切社会关系的总和。亦可看出，社会环境对个人发展的重要性。因此，创设和谐稳定的社会环境，以察时变，才能协助大学生在社会环境的大潮中不被裹挟，实现跨越和发展。

文化环境是影响高校思想政治教育的重要环境因素之一，每个大学生的思想或多或少都受到了文化因素的影响。媒体融合的深入推进，造就了新的教育环境，信息产业更加活跃，思想文化领域更加多元化，各种文化和价值观相互激荡和碰撞，使高校思想政治教育的文化环境也面临一些新的挑战。因此，优化高校思想政治教育的文化环境刻不容缓。具体而言，可以采取以下措施优化高校思想政治教育的文化环境：

①坚持正确的文化方向。坚持正确的文化发展方向，就是要坚持用习近平新时代中国特色社会主义思想引领高校思想政治教育文化环境的优化。在新时代，高校思想政治教育要顺应时代发展的新形势和新要求，要积极利用融媒体开放性的网络平台，大力宣传习近平新时代中国特色社会主义思想、社会主义核心价值观。同时，还要加强社会主义先进文化建设，推动各项文化建设的有序发展，建设文化强国，使高校思想政治教育文化环境呈现积极、健康、和谐的态势。高校思想政治教育工作者在融媒体技术的辅助下，对各种文化思潮进行正确、充分地剖析与认识，培养大学生的思辨能力，从而正确引导大学生思想品德的形成与发展，促进他们加强自我学习和自我提升，自觉成长为高素质人才。

②整合多元文化。社会文化环境的变化会直接影响高校思想政治教育的文化环境，导致目前呈现出多种文化并存的复杂局面。要优化高校思想政治教育文化环境，就要整合优化各种类型的文化，构筑文化合力。在新时代，文化环境中的文化类型可以分为中国特色社会主义文化与外来文化、历史文化与新时代文化、

精英文化与大众文化、先进文化与落后文化，高校在应对多种文化并存的局面时，采取科学的策略是关键之举。

2. 营造优质安全的校园环境

学校是人才的培养皿，高校培养的人才最终要在社会这个"大烧杯"中混合、溶解、稀释、沉淀、蒸发和澄清，最终以什么样的质态呈现，学校教育起着至关重要的作用。

首先，优化校园物质环境建设。只有营造一个充满青春活力的良好校园环境，才能使思想政治教育在高质量的发展道路上有科学的思想环境、健康的舆论环境。对于校园物质环境的建设，高校应当做好整体性规划，注重寓思想于物质之中。注重物质设施的建设，建立健全各类设施，如校训墙、餐厅文化墙、教学科研设备、学生活动中心等，借此最大限度地发挥隐性教育的关键作用。

其次，重视校园精神环境的塑造。高校的校园精神建设要始终坚持"以人为本"，从"三风"建设入手，注重提升教育者的品德修养。此外，更要加强校园环境用政治把关，谨遵政策的指导。重视环境制度建设，保证思想政治教育建设更加科学和公正。

最后，净化校园周边环境。随着社会上产教融合之风的盛行，没有围墙的大学受到广泛青睐，校园周边环境与大学生锤炼品德修养休戚相关。加之，大学生自控力与抵抗力较低，社会经验不足，容易上当受骗。因此，加强对校园周边环境的管理，全力整治，分步实施，加大对娱乐活动场所和侵害学生合法权益以及危害学校稳定事件的查处力度，荡涤不良风气，才能助推高校思想政治教育环境的优化升级。

3. 构建民主平等的家庭环境

家庭环境影响人们的做事态度和处世风格，对处于人生价值形成阶段的大学生来说起着至关重要的作用。在高校阶段，虽然大学生一般都住校，但家庭教育不能缺位。

首先，树立正确的教育观。家庭要突破唯成绩论的偏见，认识到德才兼备才是社会型人才。与此同时，不能把教学生的任务只归于学校，要注重家校合作育人。另外，要摒弃"好孩子都是别人家的"错误观点，辩证看待自家孩子的优点和缺点。依据学生自身特点，注重全面发展，给予肯定教育，培养学生健全人格，鼓励他们勇敢奋进。

其次，重视代入感教育。家长要做好榜样，提高自身的思想道德修养，注重言传身教，自身要作风正派；家规要俨然有利，但不失原则；家庭物质设施不在于多么高档奢侈，但要井然有序，使大学生潜移默化地受到积极向上的精神熏陶。

最后，注重有效沟通。家庭各成员之间应友好和相互尊重，家庭成员要主动地、经常性地与大学生沟通交流，鼓励学生倾诉内心的感受，学会倾听，重视他们的心理状态和情感变化；换位思考去了解学生的内心世界，并给予适当的关心和引导，帮助他们疏导心理上和现实中的困惑，为大学生思想质量的提升提供情感上的滋养。

4. 打造健康文明的网络环境

网络为思想政治教育质量的提升开辟了新的空间，给予了科技支持，但多样化的网络环境，容易使学生成为信息技术的附庸。因此，思想政治教育提质增效，就要创新运用多样化的网络环境，用正确的价值信念占领学生的思想阵地。

首先，在管理上对商业与教育职能的辨证施治。现代网络对思想政治教育影响越来越大，以直观形象和丰富多彩的特点受到学生的追捧。但现实中"网络泛娱乐化"，思想教育专门频道的数量与质量，难以满足大学生全面发展的需求。因此，重视网络建设机制改革，加强监督和管理尤为重要。对此，要正视思维新潮，谋划专门针对大学生的特色教育，关照素质教育需求，科学优化平台，剔除校园网络中给大学生发展带来负面影响的行为，净化网络环境，提高网络育人质量。

其次，引导大学生筑牢思想防线，提高对网络信息的识别能力。现如今，网络业态层出不穷，网络信息鱼龙混杂，难以分辨。同时，网络的隐匿性和自由性随思维新潮应运而生，增强了网络的虚幻性。因此，现阶段，我们把网络监管简单定性为宏观管制，仅靠立法和监控，仍难以摆脱网络环境混杂的窘境。那么，高校要锤炼学生的高尚品行，运用网络平台加强教育，既要注重宏观管制，又要重视道德约束，在硬与软的双向管理下，增强大学生的内在信念和自律意识，提升个人道德修养，从而提高大学生对不良环境的识别和免疫能力。

最后，在建立高质量的思想政治教育网站上下功夫。高质量的思想政治教育需要重视有吸引力的专有教育网站的建立。这样可以将思政知识合理嵌入到大学生乐意接受的方式中，将思政崇德修身的重任融合到时代潮流之中，拓展深化育人时间和空间，增强网络思政育人职能。与此同时，要筑牢大学生网络意识防线，思政还要为网络的高素质发展提供指导，使网络成为主流意识宣传的前沿阵地。对此，切实抓好网络思想政治教育，也要配齐配强教育队伍，健全网络教育体系，加强法律把关，协助学生实现人生价值。

（五）创建思想政治教育的大数据平台

1. 创建学生信息的大数据管理平台

目前，高校学生数据存放在很多地方，学校、招生办、教育机构等都存储了学生数据。中小学数据已由教育部提供统一平台，但大学数据一般存储在各个大学自己手中。因此，创建思想政治教育的大数据统一平台，能够在源头上对学生信息进行采集、处理、分析等，包括学生的基本信息和取得学生同意的详尽信息，同时利用科学分析对学生行为进行预测，使教育引导以更好、更精准的切入点进行。对于学生的基本情况和实时动向能够及时地掌握和引导，除创建大数据管理平台，还可以逐步完善数据信息的高效使用，建立本校的学生大数据研究管理中心，进一步实现数据价值的挖掘与使用。对于日常生活中的数据，大数据平台可以根据数据类型进行分析。通过财务系统数据、信息管理数据、医疗系统数据、图片、录像、音频、邮件、网页等构成学生的基本信息库，从而分析学生的心理与行为，为更好地提升教育效果做好充足准备。

针对如何创建学生信息的大数据管理平台，应考量以下三个方面：第一，政府的管理与引导作用。身处信息时代，国家高度重视数据建设和数据创新，对于大数据统一平台的建设和提供也势必会随着数据时代的发展得以实现，政府的管理与引导作用，可以很好地实现大数据管理平台的建设与使用，积极推动大数据技术与思想政治教育的深度融合，促进学生信息资源的互联互通，提升大学生的思想政治素养。第二，高校的因材施教与系统管理。结合各高校特色和实际情况，针对不同地区、不同专业，结合学生个人实际，学校可以进行系统地管理，保证专人专员进行数据的考察与更新，及时有效地对大学生进行因材施教和因势利导。

利用科技手段，加入具有针对性和个性化的培养元素，定期推送价值取向正确的教育内容，做好因材施教。第三，学生的个人意愿与心理需求。面向学生个人公开透明是最基本的措施，充分尊重学生的个人意愿，给予学生自主选择的权利，避免违背学生的心理诉求，并且充分尊重学生的知情权、隐私权和申诉权等各项权益，维护好学生的个人信息安全。

2. 采用专人专职，定期进行安全测试

数据存储渠道多样，增加了接触数据人员的数量，同时无限放大了内部人员泄密的风险，学校、教师、教育局、招生办等部门均能够查询学生数据，这也增加了数据的流通性。为了更有效地防止数据泄露，采用专人专职是非常有必要的。专人专职主要是指利用专业管理人才对学生数据进行管理，并且落实责任到人。数据平台是分模块的，数据管理则是分层次的，采用专人专职，不仅可以规避数据泄露风险，还可以很好地解决责任划分问题，促使人员更负责地去保存和使用学生数据，一旦发现问题，也能够更快更好地解决问题。同时，也需要定期进行安全测试，及时修复平台漏洞，相较于数据技术的更新，数据风险防范技术的更新是远远落后的，而定期测试能够及时发现问题，无论难度多大，耗费多少成本，当安全漏洞已经出现，就必须解决这一问题，否则沿用存在安全问题隐患的系统只会导致更大范围的安全隐患问题，是对所有学生的不负责任。对于数据平台的安全测试和日常监管，需要注重安全扫描，包括动态扫描和静态扫描，运用专业的开发测试工具，聘用专业管理人才，更好地解决知识储备不足和平台安全保证的问题，为学生数据保护筑牢安全防火墙。

第三章 高校课程思政建设的现状分析

高校作为培养社会主义接班人的重要场所之一，肩负着立德树人的重要使命。为更好地实现新时代的育人要求，应强化立德树人理念，全面推行课程思政建设等教育教学改革，但在推行过程中存在不少问题，需采取有效措施解决这些问题，更好地推动课程思政建设工作。本章分为高校课程思政建设取得的成效和高校课程思政建设的主要问题两个部分。

第一节 高校课程思政建设取得的成效

一、教师课程思政意识已初步形成

在高校传统教学中，师生之间的交往都是简单的课程专业知识传授，随着时代的变化发展，课堂教学中仅讲述专业知识已经不能满足学生的精神需要，因此，教师在教学过程中不仅要学习与专业相关的知识，还要学习存在于内容之外的拓展知识。而课程思政的发展，不仅要求教师的专业知识牢固，更要求教师能够将思想政治教育内容融入专业课之中。所以，教师在教学内容上的拓展能力，是良好课堂效果的保障。目前，在课程思政建设的过程中，部分教师已经能够在专业课程中积极主动地挖掘和利用专业课内容中与思想政治教育的相关内容，能够了解知识背后所蕴涵的思政元素。

二、各学科专业课程思政已全面铺开

经过各高校对课程思政实践案例的不断探索，专业课课程思政也越来越深入

发展，这主要体现在学者们在选编专业课课程思政案例的基础上，将相同学科或专业的案例进行合辑，对专业课程进行更深入的研究和实践。在文、经、教、理、农、医、艺等七大类专业都有相应的学科课程思政实践案例，从多个方面探索和实践这一门在专业课中实施课程思政的思政教育发展，以实现立德树人的根本任务。

三、课程思政教学方法日益丰富

遵循人才成长和思政教育规律，挖掘课程中的思政教育元素，实现立德树人，这是课程思政最基本的要求。目前，大致有四种课程思政教学方法：讲授教学、案例教学、互动教学、实践教学。同时，教学方法与信息技术的融合使教学方法应用更为广泛。

（一）讲授教学法

讲授教学法是教师以口头语言为主，向学生描绘情境、叙述事实、解释概念、论证原理和阐明规律的教学方法。讲授教学法伴随着教育出现历经千年而经久不衰，至今仍是课堂教学中最广泛和最常见的教学方法，其无可替代的优势是显而易见的。具体包含以下几方面：

1. 易于教师主导作用的发挥

讲授能够让学生在教师的指导下高效地掌握在课程中精选的教学内容。在教学过程中运用讲授教学法，能充分发挥教师在课堂教学中的主导作用，教师可以根据教学任务，选择和组织教学内容，决定教学节奏和教学进程，控制教学时间，有利于在规定时间内完成教学目标，在学生已有的经验和基础上促进学生学习。

2. 速度快，效率高

运用讲授教学法，教师可以在较短的课堂时间内把长期积累起来的课程思政知识传授给学生，使学生能够在教师的阐释引导下，获得大量、系统的课程思政知识。讲授教学法是教师向学生的单向知识传授，易于教师控制教学内容，单位时间的效率较高。

教师的教学可以使知识实现从空洞的抽象到具体的形象，从困难、模糊到简单的转化，使学生在获取知识的过程中避免许多不必要的曲折和困难，少走弯路。

3.优势互补

任何教学方法都离不开讲授法，讲授教学法可以和其他教学方法优势互补，活跃课堂氛围，达到良好的课堂教学效果。

（二）案例教学法

案例教学法中，教学教材就是案例，通过教师指导，鼓励学生进行独立思考以达到教学目的。案例教学法是围绕课程目标，根据所选的案例材料，引导学生对其进行分析、研究以及判断，从而提高学生的学习能力。案例教学法具有以下特点。

1.案例教学法具有互动性

案例教学法最基本的特征在于它的互动性强。案例教学法是教师根据课程目标、课程标准选择适当的案例，并利用案例进行互动的教学方法。这就要求所有教师和学生共同参与教学活动，既要求学生主动思考并积极互动，又要求教师作为引导者、促进者调动学生的学习积极性，增强课堂的有效互动，从而完成课堂教学目标。

2.案例教学法具有探究性

随着社会的发展，教师的教学观念也在慢慢转变，许多教师已经有意识地开展了探究式教学，并以案例为载体通过探究引导使学生学会学习。教师利用案例教学法让学生从被动的接收者转变为主动的探究者，这不仅调动了学生学习的积极性，而且也培养了学生的探究性。高校课程思政案例教学法以事实为载体来营造探究情景，剖析案例本身的含义，让学生感受和体验知识的生产过程，从而改变学生的学习方式，培养学生的探究性。

3.案例教学法具有启发性

案例教学法的启发性是指教学内容的启发性，是对学习者思考方式的启发，并没有单纯地要求形式的多变与创新，而是以鼓励学习者积极主动地思考为主旨。科学研究的结论既是完整的，又是丰富的，案例教学的目的在于启发学习者运用科学研究的结果去解决实际生活问题。

4.案例教学法具有生活性

在教学中，求真务实的教学态度是每一位教师都要必备的，案例教学法也要贯彻这一要求，因此整个教学过程中所使用的大都是真实的、榜样性强的案例。教师和学生双方的协同力是案例教学法取得较好效果的关键因素之一。教师们在选择案例时必须下好功夫，而由于一些精彩的案例往往诞生于现实的社会生活当中，就要求教师必须关注日常生活环境从而找到案例素材，而学生们则必须根据教师所给出的案例做好准备阶段的工作，从而获取知识。这体现了案例教学法的生活性。

（三）互动教学法

互动式教学是多方投入进行讨论研究的教学模式，在轻松的环境下，双方可以在交流中进行思想的碰撞，从而激发教学对象的思维能力，调动学生的积极性和创造性。互动教学法具有以下特性：

1.注重情感体验

大学生正处于身心发展的转折时期，也是他们认识社会、参与社会公共生活的重要阶段，而互动教学法符合当前社会对人才的培养需求，同时也符合大学生个体的身心发展特点。互动教学法通过创设情境来构建"情景互动"的教学模式，打造情感体验课堂，贴近学生的生活实际，一改教师传统的只注重知识传授而忽略了知识内化的教学理念，因为知识内化并不是依靠机械的说理灌输，而是在学生体验、感受、实践的过程中产生的。另外，互动教学法还通过师生教学研讨、学生课堂小组合作等多种互动方式，引导学生去关注时政和当下的真实生活，并从学生熟悉的领域取材，科学地确定互动的主题，注重学生的情感体验和个性表达。学生在互动中，心灵得到洗涤，思想得到熏陶，在互动中获得情感的体验，产生文、情、理的共鸣，在共鸣中吸取知识养分，在潜移默化中为养成学生良好的个性和积极健康的人格夯实基础。学生也能更正确地对待自己与他人、社会的关系，在与老师的良性互动中快乐学习，健康成长。

2.突出双边主体

在传统的课堂教学中，"满堂灌""机械式"的教学方法仍是主旋律，教师也普遍习惯自身为"权威"的师生关系，从而忽视了学生在学习过程中的主体性。

这从一定程度上削弱了学生学习的积极性，并限制了学生创新性思维的发展。而要贯彻落实新课程理念的精神，就必须灵活采用教学方法，如互动教学法。在日常的课堂中应用互动教学法的一个显著特点是突出双边主体，即在教学过程中师生关系处于相对平等的状态，以教师为主导、学生为主体，从而使课堂不再是学生被动接收知识的场所，而是学生与老师平等、和谐交流的平台。教师由机械的知识灌输者转变为了课堂教学的组织者和主导者，学生也由被动的知识接收者转变为课堂教学的主体和积极参与者，从而顺利塑造了日常教学中双主体式的教学模式，这种模式首先注重的是师生在精神、情感层面的交流，这极其有利于课堂教学下一步的开展。

（四）实践教学法

实践教学法是通过社会实践对人进行教育的方法。学生在参加实践活动的过程中，提高自己的思想觉悟水平和认识能力。一般来说，户外体育课和人文课更适合实践教育，让学生以实践活动亲身参与的形式去感悟课程，理解课程要传达的意义。实践教学法具有以下特性。

1. 高度实践性

实践教学法最显著的特征是具有高度的实践性。实践教学法主张学生通过实践体验获得经验和知识。随着社会和科技的飞速发展，学生通过教师讲授和阅读可以获取大量的知识，这也是目前普遍采用的获取知识的方法，但学生要想获得真知并留下深刻的记忆，必须充分发挥自己的主观能动性，通过亲身践行来打消对间接知识的疑虑，同时，实践教学法还主张将获得的知识运用到实践当中去，进而找出新的问题。

2. 强调主体性

实践教学法充分强调学生的主体性。在传统的教学中，教师是教学的主宰者，以教师讲授为主，帮助学生梳理知识，教师即使提问也是以课本知识为答案的问题，学生充当着被动接受知识的角色，所以，学生无法产生学习兴趣，更谈不上学习的主动性。相反，实践教学法认为在教学中学生是主体，学生在实践教学中能够达到既定的教学目标。

3. 坚持开放性

实践教学法具有开放性。首先，实践教学法的内容的开放性不仅要求教师在实施实践教学法的过程中激发学生课堂参与的积极性，还要求教师引导学生以较大的热情参与到校园及社会的实践活动之中，把"课堂"和"校园"及"社会"共同作为实施实践教学的内容，以及时更新和拓宽教学内容。其次，实践教学是一个开放的过程。高中思想政治课遵循贴近学生、贴近生活、贴近实际的原则，所以，学习的过程也应该是一个开放的过程。采用实践教学法时，秉着开放性的原则，通过与外界环境的接触，拓展学生的思维与眼界，使学生在实践的过程中实现教学目标，以达到教学效果与学习效果的最优状态。同时，解决问题的方法也可以是多样化的，在实践教学中，学生在尊重规则的前提下，可以最大限度地发挥主观能动性，自主地探索问题，也可以查阅资料、相互讨论和进行调查研究。最后，实践教学的评价结果是开放的。实践的目的不是探索某一固定的标准答案，而是重在学生"实践"的过程。实践教学法尊重学生的个别差异，注重学生主体性的发挥，提倡多元价值取向。实践教学法注重学生发散思维的培养，只要能自圆其说，学生可以表达不同的看法，这样能激发学生参与实践的兴趣，变被动为主动。

第二节　高校课程思政建设的主要问题

一、教师队伍建设存在问题

（一）对课程思政重要性的认识有待深化

课程思政建设方兴未艾，除了上海市做出重要的示范作用外，课程思政也得到了教育部的大力支持，这一理念逐渐在所有高校教育者中形成共识，但具体行动方案的形成尚需要过程。课程思政要求每门课程和所有教师都能回归教育初心，以育人为己任，但也有部分教育者"置身事外"，这部分人的想法大抵是认为思想政治教育是思想政治理论课的教学任务，是思政教师和辅导员要承担的责任，而自己只要能做好专业知识的传授工作就够了，课程思政对自己来说是在增加负担。有这种想法的教育者所占的比例绝对不是少数，甚至有的教育者本身思想政治理论水平就欠缺，对国际局势和重大事件关注有限，而这也与习近平总书记强调的"高校教师应该是先进思想的传播者、学生健康成长的引路人"是相背离的。

教师是课堂教学的主体，是推进课程思政的关键。目前，部分专业课教师对课程思政重要性的认识有待深化，德育意识有待提高。首先，长期以来受到工具理性思潮的影响，专业学科越来越细化，教育者"教书"与"育人"的目标逐渐割裂，教师格外重视专业知识的传播。教师更加注重专业知识的讲授，对于培养和引导学生形成良好的思想道德素养则有所忽视。其次，受严峻的就业形势影响，教育者偏向专业教育，忽视道德伦理的教育。在课程思政建设中不可避免也会出现这种问题，主要表现为教师重视对原理知识的把握和对实验结果的关注，缺乏思想政治教育的氛围，认为思想政治教育可以通过其他方式开展，如讲座等途径，而专业课就要集中全部精力在学习上。这类教师对思想政治教育的认识有待深化。

（二）对课程思政资源的挖掘能力尚显不足

部分学科教育者能够认识到在所有课程中进行思想政治教育对学生、社会发展的重要性，但是他们自身育人能力有限，不能根据不同专业的课程特点对思想政治教育资源进行挖掘，不了解对学生进行思想政治教育的内容，难以找到思政资源挖掘的着力点。大部分学科教师受之前授课方式和内容的影响，自身只对专业知识和技能以及方法了解并沿用多年，因此尽管他们想要在课堂教学中进行思想政治教育，发挥课程的育人职能，但自身的思政能力不足，从而限制了课程思政育人实效性的发挥。此外，学科专业细化，各专业间存在壁垒，教学设置专业知识庞杂，也为思想政治教育资源的挖掘提出了难题，教育者难以有针对性地选择与思想政治教育相匹配的教育内容，难免会降低课程思政的说服力。

（三）其他教师与思政教师沟通尚未常态化

课程思政要求高校所有课程及教师落实育人职责，形成育人合力。其他课程的教师是协同育人主体，但实际情况是由于先前专业课程没有承担过思想政治教育责任，其他专业教师普遍存在思政素质与思政能力不足的问题。思政水平落后于专业技能，导致其他课程的育人目的难以实现。思政教师作为思想政治教育领域的专业人士，能够为其他课程教师提供帮助，一方面提高其他课程教师的思想

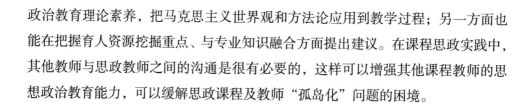

政治教育理论素养，把马克思主义世界观和方法论应用到教学过程；另一方面也能在把握育人资源挖掘重点、与专业知识融合方面提出建议。在课程思政实践中，其他教师与思政教师之间的沟通是很有必要的，这样可以增强其他课程教师的思想政治教育能力，可以缓解思政课程及教师"孤岛化"问题的困境。

二、课程思政教学存在问题

（一）教学目标标签化

当前，课程思政的目标被过度主观的解释与实施成政治知识的灌输，形成了课程思政目标的标签化问题。课程思政被理解为弥补重智轻德的育人缺陷、解决教育教学过程疏于育人问题的重要举措，被定位为政治教育。此外，课程思政的目标失语，使其成为空洞的标题。

在实践过程中倡导与采用的"挖掘""提炼"方式，是以思政课的样貌为预期，填充课程思政，提高其思想政治含量，对其进行建构与完善。通过在专业课程中植入政治性教育资源，将塑造学生的思想、价值观的渠道固定为单一的政治知识学习，使专业课程成为党性修养课。因此，课程思政从空洞的标题变成被支配的对象，着重打造并被贴上标签。其对学生的价值观教育被异化为对学生的党性教育与政治教育，自身的价值意蕴被压制与忽视，价值引领作用不得彰显，既有目标不能实现。

课程思政教学目标的标签化还表现为教学主体以及课程管理者对课程思政的原则与理念模糊不清，缺乏系统深入的理解与思考。当前，关于课程思政建设的具体要求、实施环节不够清晰完整，教师参与质量有待提升以及专门性的反馈文件缺失，各专业教师对各类专业课程中的思政目标是什么、每类专业课程的侧重点有什么不同尚未形成科学的认知，因此在课程思政教学过程中，必然呈现出教育目标偏差、教育内容不确定和不清晰、教育方法机械化、缺少针对性等问题。

（二）教学内容碎片化

课程思政通过以思想政治为模子和标准，以专业课程为载体和平台，将思政课的内容进行粗糙的拼凑与整合，形成课程思政的碎片化案例，并用以组建碎片化内容。

一方面，在教学内容方面存在杂乱无章的弊病。例如，有的教师在进行专业课程教学时，在知识点讲解过程中生搬硬套、强行植入价值观教育与碎片化的文化历史知识教育，使教学过程充满了主观随意性，因此对价值引领教育也难免"生搬硬套和杂乱无章"。通过举例、形成"思政案例库"的方式将课程思政内容植入教学过程中，通过简单列举的政治历史事例、机械增设政治知识学习板块来作为了课程思政教学的代表。在教学过程中穿插零散毫无连贯性的政治性内容，或较为突兀地将与专业教学目标无关的政治性人物事迹作为案例，或在每堂课中尴尬地插播政治主题讲堂。实施课程思政成为将其拆分、形成散落在每堂课、每个教学环节中的知识碎片的过程，用以配合专业知识的教学，这种割裂的、零碎的教学实践甚至呈现出课程教学与思想政治教育的对立的特点。思政存在孤岛化唱独角戏等问题，加重了碎片化的现状。

另一方面，在教学过程中呈现"言语混乱"的局面。课程思政的教学实践过程，以挤占学生碎片化的时间为渠道与支点，将课程思政作为学生的政治必修义务。一些高校强制输入思想政治教育元素，导致既有的专业学科育人逻辑遭到拆解，系统性、协同性有所下降，导致课程思政教学缺少严谨周密的体系。同时，知识内容的教学过程或为集中的政治讲座，或为分散的自主在线学习，缺少连贯的教学设计与有效的评价监督，呈现碎片化、零散化的教学状态。总而言之，当前课程思政教学过程中由于对内容疏于系统架构，对教学过程缺乏整合建设，导致课程思政的教学成为多种形式的拼凑与组合，缺乏育人效用与高质量的育人效率。

（三）教学方式生硬固化

当前，课程思政的教学过程效仿思政课的开展过程。课程思政的组织与实施过程并非按照其自身的逻辑体系，而是按照思政课的教学流程按部就班地教学，形成了课程思政与思想政治理论课的亦步亦趋且东拼西凑的仿制过程。

相较于学生在实践过程中践行与探索、自我吸收与消化，当前教学方式更加强调学生对文本的巩固，不仅使课程思政的教学过程毫无新意可言，更导致整个育人过程略显生硬僵化。在此基础上，课程思政的教学者、管理者与评价者未达成一致协商意见，导致配合性不强。教师的教学过程效仿思政课教师的教学思路，照搬教学经验。教学成为思想政治课程知识进课堂的过程。专业课教师未与思政课教师进行沟通交流，未学习思政课教师的教学步骤与教学思路并对思想政治内容进行设计与组织。

（四）教学评价表面化

当前存在课程思政评价的表面化问题，首先表现为课程思政的评价指标与评价体系不够健全，缺乏实施有效的评价经验、有用的评价体系以及有力的评价制度。当前存在对课程思政的误解误读，将其等同为思想政治理论课的拓展与延伸，认为两者并无本质上的区别。因此，课程思政的评价过程便仿照思想政治课，贯穿思政课惯用的"课前考勤、课堂表现、课后作业"的评价逻辑，考核方式仍然是思想政治课程常用的考试与平时实践作业的结合，以数据量化为主要评价方式。

其次，教师评价过程未切合课程思政要义，未落实学生的主体性地位，因而略显失效。课程思政的评价过程过于关注知识的掌握效果，且教学评价的参考内容并非学生的行为表现以及其习得的效果，评价更关注教师的教学完成度，关注教师的"职称评审、教学质量评价"。而在这一过程中，学生的反馈被忽视，学生无法明确表达自身知识掌握程度以及自身的学习质量、对相关知识点的消化与吸收效果，评价过程便脱离了其育人的初衷。

再次，课程思政的评价方式与学科专业教育教学的评价方式难以协同。比如针对不同专业，理工科的教师基于自身的专业特点与长期形成的思维模式，更愿相信"严谨精密的实验数据和操作技能"，而对思政元素及其适用专业均缺乏重视；人文社会科学的课程也存在专业课程与课程思政的形神分离的局面，未能找准与思想政治教育之间的契合点。基于课程思政目标的标签化、教学内容文不对题、教学过程与教学方式的采用词不达意，课程思政的教学与学科专业之间形成深深的隔阂与裂缝，必然难以构建和谐的评价体系。采用专业课程教学的评价方式实施于课程思政教学，只能导致对课程思政的评价呈现表面化特点。

三、课程思政教材体系建设存在问题

（一）现有教材中的思政资源有待开发

适合课程思政发展要求的新教材的编写还需要相当一段时间，在这段时间内，利用现有教材进行课程思政实践对于教师而言是一个不小的考验。这就要求教师深入挖掘现有教材中蕴含的思政资源，结合所在学科专业以及所属课程的育人要求和特点，优化课程思政的内容供给，坚定学生的理想信念。对现有教材进行"二次开发"是教材体系建设的重要组成部分，也是当前实现课程思政建设需要努力的方向，当前高校对现有教材的"二次开发"能力有待提高。

首先，对教材思政资源开发的专人负责制尚未形成。对现有教材的思政资源开发离不开各个主体配合，有赖于学校顶层设计、思政教师指导、专业教师分析等各主体相互联系，因此需要成立教材思政资源开发专人负责制，对本校课程进行统筹、规划和设计。

其次，教师在教材编写中很难把握思政资源与知识体系的有机融合。教材开发要求教师对现有教材精心研读，对其知识点、难易程度、逻辑体系都要完全掌握，分析现有教材知识体系背后承载的价值意蕴，并不断进行科学设计和实践，在不影响课程体系和知识结构的前提下实现价值引领。专业所用教材甚多，知识庞杂，进行"二次开发"无疑是一个长期工程，需要耗费大量的精力，教材"二次开发"短时间内难以产出经得起实践考验的成果。对现有教材进行"二次开发"的主旨在于，将思想政治教育有机融于课程中，在现有教材的基础上增加理想信念的教育。同时要求教师不能把专业课上成思政课，不能改变现有教材的知识培养目标，要精准切入思想政治教育，这相对于传统教材授课而言，教师没有那么游刃有余。

（二）新教材建设的形式有待丰富

每个新生事物的出现和发展往往要经历由弱到强，不断丰富和壮大的过程。课程思政无疑是一个新生事物，在其起步发展阶段仍面临许多问题。国家陆续出台课程思政相关政策，包括《高校思想政治工作质量提升工程实施纲要》（2017年12月）、《高等学校课程思政建设指导纲要》（2020年5月）等一些文件，开始着手为高校课程思政建设提供指引，促使高校课程思政实践逐步走上正轨。课程思政教材体系建设于课程思政而言必不可少，但当前课程思政相关教材的发展并没有跟上课程思政实践的脚步，课程思政相关教材的出版少之又少。

首先，课程思政建设新教材数量少。一方面，课程思政理论指导教材少。课程思政建设目前还是"摸着石头过河"，需要在总结其他高校地区成功经验的基础上不断前进，但从现实情况来看，各个地区、各大高校的课程思政侧重点各有不同，发展特色也大不相同，如何明确其经验是否具有适用性，是否利于指导本校课程思政的建设仍有待商榷。另一方面，指导各专业课程思政实践的教材少，缺少与课程思政要求的价值塑造、能力培养、知识传授相统一的教学目标相契合的教材。当前，高校课程教学所选用的教材大多仍是之前以传授学生专业知识为主要目标而编写的。如今面临新一轮的教学改革，在立德树人根本任务的前提下，当前的教材显然已经不适应学生全面发展的需要，亟须将课程思政理念与传统专业课程教材有机融合。

其次，课程思政新教材的形式单一，质量参差不齐。一些专业课程思政实践指导教材的出版质量有待提升，思政教育元素与教学知识的一致性不足，此外，在各教学重点的选择以及与之相匹配的深层次的思想政治教育资源的挖掘及形式上过于单一，知识点中蕴含的思想教育资源往往是多样的，需要根据既定的教育目标加以选择。

最后，教材中引申出的思想教育资源不能与时俱进。只有贴合学生兴趣与社会现实的思政元素，才能最大程度地引起学生的共鸣，产生感染力。只有提高课程思政的教材质量，教师的课堂教学更科学合理，才能实现育人效果的最大化。

第四章 高校课程思政建设的原理遵循

高校课程思政建设是在夯实原理的基础上按照高校立德树人的总体要求，强化课程育人导向，深化课程思政教学改革，全面铺开思想政治工作新局面。高校课程思政建设能够顺利开展得益于其深厚的理论来源，高校课程思政建设要遵循认识论相关理论和相关原理，还要遵循马克思主义理论体系的原理，同时也要遵循列宁、中国共产党人等思想政治教育学原理，保证思想政治教育能够为课程思政建设提供强大的理论支撑，增强说服力。本章分为认识论原理、马克思主义基本原理、思想政治教育学原理三个部分。

第一节 认识论原理

一、高校课程思政建设的认识论相关理论

（一）心理学相关理论

课程教学活动的顺利展开建立在教学主体在教学环节中对学生动态及认知水平掌握到位的基础上，进而能够选择合适的教学手段，因此不可避免地会涉及心理学相关内容。

积极心理学在理论基础上促进课程思政建设进程。积极心理学于 20 世纪末起源于美国，其理论观点是着重于对人的潜能与积极品质的挖掘，运用在教育领域则主张营造积极向上的教育环境，调动每位学生的参与感，使其在参与过程中不断增强个人感悟，在实践中养成积极乐观的心态，提升个人素质，向更理想的自己靠近，实现全面发展。积极心理学关注学生的全面发展，这与课程思政建设

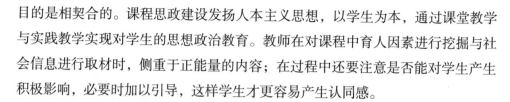

目的是相契合的。课程思政建设发扬人本主义思想，以学生为本，通过课堂教学与实践教学实现对学生的思想政治教育。教师在对课程中育人因素进行挖掘与社会信息进行取材时，侧重于正能量的内容；在过程中还要注意是否能对学生产生积极影响，必要时加以引导，这样学生才更容易产生认同感。

（二）人本管理理论

人本管理主要是基于人开展管理活动的管理理论，是将人放置在中心位置来进行的一系列系统的、逻辑严密的管理理论和活动的总称。该理论的本质就是肯定了在管理活动中，人所起到的作用和影响，强调在开展管理工作时要重视人作为个体所存在的意义。人本管理理论是在组织中发挥作用的，也就是要求组织部门设置和结构设置等都应当充分考虑以人为本的理念，确保人本管理理论能够在组织的管理工作中得到充分的发挥。它要求在管理过程中要坚持以人为本、充分调动人的积极性和主观能动性，使其能够实现全面自由发展。社会经济发展的目的就是为了实现的人全面自由发展，这也是管理所要实现的最终目标，这是一个长期的实践过程，这个长期的过程不仅需要生产力，还需要教育和学习。

高校推进课程思政建设，人本管理理论可以作为指导。基于这一理论，在课程思政建设过程中，教师要以学生为中心，尊重学生的主体性，充分发挥学生的主观能动性，转变课堂传统的注入式知识教学形式，让学生主动认识和构建知识结构，并对学生进行正确的价值引导，使其在学习专业知识的同时，思想道德素质也得到提高，从而实现全面发展，适应时代和社会发展进步的需求。

（三）系统管理理论

系统管理理论，也就是西方学者统称的最新管理理论，产生于 20 世纪 70 年代，它将管理工作看作是一个完备的系统，充分运用系统论、控制理论等，并将优化管理工作作为自己的管理目标。中国古代也有类似的理论，如"天人合一""阴阳五行"等理念，都体现着系统性和整体性的思想。系统管理理论的优势在于充分运用了整体理论观念，将组织工作中存在的问题和管理行为视作整体来开展分析研究，全局性的思考观念突破了片面思维的局限，从而能够以大局观来看待问题，既重视组织内部问题，又兼顾组织外部环境。

高校课程思政建设是一项贯穿高校教育教学全过程的长期系统工程。在这样一个系统工程中，需要多方主体和多种资源的协调配合才能促进这一工程更有效地开展。为调动各方积极性，统筹协调好各项资源和多方面的关系，共同构建课程思政育人体系，形成课程育人合力，高校需要立足整体和全局，始终坚持将系统论作为开展课程思政建设的一大理论依据，并加强与同类院校的沟通和联系，以保证课程思政育人格局的有效构建。

（四）具身认知理论

"具身认知"最早是由美国认知语言学家乔治·莱考夫和哲学家马克·约翰逊在《肉身中的哲学》中提出的，其中他们将认知科学划分为第一代认知科学与第二代认知科学。在第二代认知科学的理念中，具身认知是身体、认知、环境和世界的有机统一的整体，相对于传统的离身认知，具身认知是身体、情境与认知三者的有机统一与动态耦合系统。认知的过程是身心合一的过程。浙江大学教授李恒威是国内第一个系统总结具身认知观的人，开辟了国内对具身认知思想研究的先河，为后续研究奠定了基础。他对具身认知进行综述，即认知具有情境性，且认知产生于时间压力下并下放到环境中，环境从属于认知系统，认知是以身体为基础从而指导行动。对具身认知可以从以下三个角度做阐释：①本体论。具身认知是一种反对身心二元论的新视角，其所有的观点都构筑在身心一体的基础上，离开了身体，认知就无从谈起；②认识论。具身首先是身体动作的一系列经验，即"意象图式"。意象图式依赖于身体而存在，没有忽略身体的认知；③方法论。具身认知是一种建构，一种关于身体的建构，是身体的结构和感觉、运动系统构建了我们对于这个世界的全部认识。

具身认知是认知、身体、环境三者的有机联合，将具身认知理论引入高校课课程思政的建设中，可以为课程思政的建设注入新的动力，将认知、身体、环境三者系统性地引入课程思政建设中，既能在传播专业知识的同时关注学生身体，又能促进学生学习环境配套的整体提升，提高学生在课堂中的体验，促进高校课程思政建设。具身认知理论包含了以下三个特征：

①具身性。具身认知理论强调身体在认知过程中起到的重要作用，认为认知是与身体和感觉运动系统密切相关的。其强调"身体在场"，认为身体的变化在认知形成的过程中扮演着决定作用。首先，身体既是认知的基础，同时又影响认

知的形成。身体会对个体造成显著影响，身体也决定了个体认识世界的方式。其次，身体的结构功能，可以直接影响认知的类型和形式。换句话说，不同的身体有不同的倾向，在实践中有不同的活动形式，也锻炼培养出不同的感觉运动系统，最终影响认知产生的类型和形式，认知与身体直接关联，身体和世界之间的相互作用也影响认知的形成。

②情境性。认知过程是认知主体在实际环境中实践产生的，必然会受到外部环境因素的影响。个体认知的过程离不开具体的环境，正如我们每天身处不同的具体环境中，面临不同的问题，受到不同的影响，形成不同的认知。情境性包含了三个基本含义：一是实时环境对认知形成的作用；二是环境与认知主体的互动；三是环境包括物理环境和社会环境。其中，物理环境主要指自然环境、空间布局、物体形态等，而社会环境主要是指人际关系、社会习俗和道德规范等。因此，认知是与身体有关的各要素之间促进互生的过程，身体在与环境互动的过程中，环境因素会直接影响主体的感知系统，也会影响我们的情绪和行为等方面。

③交互性。具身认知理论还具有的一个特征是交互性。交互性强调认知是思维在世界的互动中根据人们从事的各种活动的历史而产生的。交互性是身体和情境之间联系的一种体现。交互性说明身体和环境的互动是认知生成的一种方式，强调身心的融合，环境信息通过身体采集到大脑，加工后形成行为并通过身体完成实践，是一个动态的过程。认知则通过身体感官在实践中的可行性获得经验，这些经验体验的行为表现就是互动，感知觉不仅通过身体动作嵌入环境，并指导身体改造环境。换句话说，认知和行为是在环境中被整合的，身体参与对个人行为具有指导意义。

具身认知理论主要有如下观点：

①认知的形成依赖于大脑对外界信息的加工。传统的认知科学理论认为，认知的形成是大脑对信息加工的结果，与身体其他组织无关。但是随着时间的推移，伴随哲学、心理学等众多学科的系统发展，大量经典理论与实践证明，身体活动和身体体验在个体认知形成的过程中有着不可替代的作用，身体不仅是认知产生的参与者，还对认知结果有着重要影响。知觉的主体是人的身体，"具身"一词就是要突出认知依赖于身体各组织所产生的不同种类的知识和经验。在课程思政

课堂教学中，具身认知理论启发了教师在课程思政建设的过程中，要重视学生身体的参与及其学生的情绪的体验。

②身体体验的差异性导致了个体在认知上的差异。个体不是抽象的存在而是具体的存在，因此身体在结构、状态等方面的不同就会产生不同的身体体验，而不同的身体体验则带来了个体认知上的差异，认知差异的形成也会进一步促进每个人思维方式的不同。心理科学的研究者为此进行了大量实验，都在不同程度上证实了这一观点。例如，耶鲁大学手拿冷热咖啡的实验结果表明，手拿热咖啡的学生比拿冷咖啡的学生更倾向对人物特征用"热情""阳光""温暖""友好"等关键词进行评价。在高校课程思政建设中，教师应优化课程设计，引导学生身体的参与和强化学生情绪上的变化，同时要尽可能地引导学生保留个性价值和创造能力。在保证学习专业课知识的前提下，教师要根据本学科专业课的特色，针对某一具有代表性的课程内容进行适当补充，满足学生个性与整体的协调发展。通过教学内容的多样性，覆盖大多数学生群体，满足学生普遍需求，再针对少部分特殊个性群体，切实做到具体情况具体分析，因材施教，让课程教学更加赋有蓬勃生机和活力。

③个体通过体认的方式感知世界。认知、身体和世界是有机融合的整体，具体来说体现在两方面：一方面，身体与个体所处世界紧密相连，不可分割。也就是说，身体存在于物质世界之中，世界在运动发展的过程当中，不仅促进了身体的发展，同时也对身体的发展起到一定的制约作用。所以，身体的发展需要遵循世界发展的规律；另一方面，由于身体所处的物质世界是运动的，也就意味着身体的发展也会参与到世界的建构，在身体与世界相互建构的过程中，个人通过身体作为媒介与世界建立联系，感知事物，形成认知。具身认知理论除了强调身体的作用之外，也更加关注身体与世界之间的交互性，这种交互性就体现了环境的重要性。身体与世界之间的互动也决定了认知的性质与内涵。传统认知科学的观点中，认知仅仅是一种单一的、封闭的运行过程，认知形成仅仅是一种只存在于大脑内部神经系统的运行过程，而具身认知理论的不同之处在于，在关注身体参与的同时，更加强调身体与世界的联系。因此，在具身认知理论视角下看待当前高校课程思政建设时，不仅要关注学生身体的参与，更要关注到课程教学过程当中各个要素之间的有机融合。专业课教师也要善于发挥环境的作用，将专业课

中的各个要素与学生身体之间建立联系，从而通过学生身体参与促进课程思政教学过程的顺利开展。

（五）认知行为理论

认知行为理论是由认知理论和行为理论的不断整合实践而来，通过改变个体的思维与调控行为的方法来改变不良认知，是在继承认知和行为理论的基础上，对存在于两者之间的缺陷的批评和发展，而不是简单的相加拼凑。认知行为理论由认知、情感、行为三者构成，认知在三者中发挥中介与协调的作用，对人体的行为进行读码，这种读码直接影响到个体最终采取的行为。通常，个体在经历了长时间的认知与行为后，大脑逐渐积累形成了某种相对固定的思维或行为模式，"刻板效应"便是代表之一。这种相对固定的思维和行为模式在再次发出该指令时，是处于一种自觉思考和行为的状态，以便个体能快速做出行为，这种情形在认知行为理论中被称为"自动化思考"。但是正是由于这种自动化思考，行为不受个体再次理性思考判断，容易产生错误观念或不合理的思维等。因此，为了改变这种错误思维和不合理的行为，认知行为理论能有效干预引导个体行为。

高校课程思政教育改革背景下，高校专业教师长期以教书为己任的固化思维难以为继，只注重知识传授的教学思维已不适应新时代人才培养所要求的全面发展型人才目标。在高校专业教师课程思政实践中，认知处于最低层次，也是专业教师做好课程思政的最基本要求，专业教师只有正确认识课程思政，理解课程思政的概念和重要价值，他们才有可能树立课程思政育人理念，自觉接受育人使命与责任，开展课程思政教育，实现从"要我做"到"我要做"的积极转变。因此，专业教师对课程思政的重要性认知是实施课程思政的基础。

专业教师建立课程思政情感认同不是一蹴而就的，而是一个循序渐进、长效增益的过程，既包括了对课程思政教学价值的情感认同，也包括了对课程思政教学形式与内容的情感认同，并在课程思政认知与课程思政行为中逐渐深化。此外，兴趣是最好的老师，专业教师课程思政的情感指向不仅影响专业教师的行为，还影响其自身的全面发展。因此，专业教师课程思政的情感主要考察教师对课程思政的态度体验。

在高校专业教师课程思政实践中，行为层面是相较于认知层面与情感层面更为高级的层次，也是专业教师课程思政的具体实施环节，是专业教师课程思政的必然要求。课程思政作为加强高校思想政治教育，助力学生全面发展的新举措，其关键就在于教师能否将理念转化为实践，将思想政治教育融于专业教育，涉及课程思政教学文本修订、思政资源挖掘、教学设计、教学评价等教学工作，也包括高校课程思政大范围的建设，如课程思政教师共同体建设、思政资源库建设、承担教师培训任务等。因此，高校专业教师在课程思政的行为层面主要聚焦于如何实践以及实践成效如何的问题。

（六）有效教学理论

有效教学理论是在 20 世纪初被提出的，该理论是现代教学理论的具体表现。有效教学理论指出教师在教学过程中应当谨遵教育规律，重视激发学生的学习积极性，提高其自主学习的能力和热情，从而达到预期的教学目标和教学效果。有效教学理论的提出是为了提高教师教学能力，通过过程评价和目标管理等手段实现提高教学效率的目的，最终提高整体的教学水平，为学生提供良好的受教育环境。良好的教学效益不在于教学时长等无效量化标准，而是切实地将教学时间用于完成教学任务，学生能够在教学过程中得到成长和进步。此外，有效教学理论还要求科学地将定量与定性评价、过程与结果评价灵活地结合起来，全面而不是片面地开展对学生成绩和教师成果的评价工作。

课程思政与有效教学理论在内在逻辑上具有契合性。从教学过程来看，课程思政建设需要教师在教学目标、教学设计、教学内容等方面不断完善，以确保课程思政建设与实施的有效性，这一点与有效教学的基本要求相吻合。从目标要求来看，课程思政建设强调实现价值塑造、知识传授与能力培养的有机统一，这与有效教学的实现是相一致的。从评价方式来看，课程思政建设同有效教学理论一样，都注重评价的全面性、科学性和合理性，力求构建一种动态有效的评价体系和标准。

二、认知课程思政建设的要素构成

（一）思想政治教育——课程思政建设的教育灵魂

新时代要确立和善用大思政课，把思想政治教育与各专业思想政治教育有机结合起来，全面统筹和梯度推进课程思政的建设。课程思政着重强调育人成果的价值性与教育的方向性，符合中国特色社会主义教育发展的基本属性。没有思想政治教育的课程，其知识教学就失去了教育的灵魂，迷失了思想意识的方向，不能完整地体现教育的基本功能。时下，思想政治教育以"课程思政"的教学形式向专业课程延伸和拓展，通过挖掘探索专业课程中的德育元素，以规划在专业课程教育中将成人教育和成才教育统一实现。这足以证实专业课程本身所具备思想政治元素和德育功能，专业课程在学校教育中占比较大，课时较长，如果能够在其中实现成人教育的全面覆盖，课程思政建设将意义深远。由此反观思想政治教育，始终坚持价值性，追求立德树人的价值旨归。学生对思想政治教育的成才功能寄予深切期望，但单纯的思想政治教育表面上对专业课程及成才教育没有明显的促进作用，对学生的吸引力较弱，而实际上任何一门课程的学科背景和知识体系都具有成人与成才的教育功能，都坚持知识性和价值性的统一，思想政治教育概莫能外，"课程思政"建设也把握着这一规律。

（二）课程——课程思政建设的重要抓手

从字面含义来理解课程思政，就是要在课程中感受到思政，不能脱离课程空谈思政，课程思政要回归课程文化本源。各门各类课程都具有一定的文化内涵，对此，中西方学者都有相关阐述：课程就是相关教学内容的系统集合；课程是一种学习计划；课程是一种有组织、有意识的学习结果；课程是儿童在教师指导下所获得的一切经验。1983 年，英国学者丹尼斯·劳顿提出了"文化分析"理论，他认为学校的时间和资源都是极有限的，因此在课程的设置方面要认真规划，确保课程文化能够被合理选择。法国著名社会学家皮埃尔·布迪厄则从社会学的全新视角将课程重新定义为一种"文化资本"，这种所谓的文化资本有利于经济和社会的发展。在我国高校中，课程思政的概念与课程文化的建设有相通之处。课程是促进学生全面发展、具有教育性经验的计划；课程文化是指在实践过程中课程中所展现的文化集合。换言之，课程建设的质量高低是由课程文化的集体性发展决定的。综合中西方的课程理论可以看出，西方侧重于发扬课程文化中的个体发展精神，整体偏重于个体的价值取向，而我国则强调课程文化发展的集体价值取向，强调在课程文化发展中集体价值所发挥的作用。因而，在高校课程思政的建设过程中，要"中体西用"，既要把西方课程理论的有益方面作为我国高校课程思政的依据，又必须把彰显社会主义核心价值观摆在突出位置，这既是我国高等院校课程文化发展的内在要求，也是高等院校教师的职责和使命。总之，文化理论为高校课程思政建设提供了理论依据。

1. 课程目标——身心共生，形塑专业价值观

高校课程思政建设肩负着双重教育目标：一方面培养学生价值观，另一方面传授学生文化知识。但根本的课程目标是学生价值观的培养与塑造，专业知识是显性学类，而课程思政知识所影响的学生价值观是隐性学类。判断专业课知识的掌握情况可以沿用考试的形式，以分数为参照，与专业课不同的是我们显然不能以分数来判断一个学生的价值观好坏。因此对课程目标的设定不应以结果为导向，而应以过程目标为核心，以让学生充分参与作为课程建设和设计的焦点，学生的主体地位在课程设计中变得更加重要。学生主体既是物质层面的主体，更是精神层面的主体，专业课程的设计不仅要满足刺激学生的身体，让学生学会操作、应用等，产生生理方面的记忆，更要注重学生思想精神层面的引导和发展。随着专业学习的不断深入，知识体系会逐渐由表象转变为抽象概念。抽象化的知识不能片面地通过死记硬背对学生产生积极正向的影响，只有充分调动学生的身体感官介入，将抽象的知识显化，达到身心共同发展，既能帮助学生深入理解专业知识，更能在体验中实现个体对价值理念、文化理念的思想内化，充分发挥课程目标在学生价值观发展过程中的引领作用。毕竟我们对世界的认知源于我们身体的感受，是在长期生活中结合实际所人为塑造的概念。价值观更是基于这些实用经验高度凝练的思想成果。因此，将学生还原到专业知识所营造的氛围中，才能在体验、探索、总结经验的过程中，形成基于社会认同和自身个性的价值收益，才能自发地对学科、对知识、对社会产生正向认知，形成积极向上的价值理念。

2. 课程内容——身心参与，整合知识经验

随着课程领域内身体意识的觉醒，通过身体的参与、教师的引导来帮助学生梳理核心知识，通过学生熟练的逻辑来增强记忆的牢固度。身心参与理念指导下的课程内容应当是具有真实性、实用性、趣味性等多种维度的，可以引起学生情感上的共鸣，并产生感同身受的体验，也更容易帮助教师将专业知识和思政元素以学生喜欢的方式呈现出来。身心结合观念下的课程思政内容更容易赢得学生的参与和认可，也就是所谓的"感同身受"。课程内容应当始于专业知识、有因果联系的内容，这些广泛的知识内容可以从多个角度将抽象的专业知识重新充实起来，通过讲解专业知识的来龙去脉辅助学生对专业知识本身进行更加全面的理解，促进学生将身体参与运用到获取专业的知识经验的过程中。课程内容的广泛性可以充分调动学生的感官参与课程内容。丰富多样的发展，可以使学生获得更加丰富的知识经验。学生可以通过已有经验作为基础，从而在课堂上汲取新的经验，而教师通过引导学生学习专业知识，并启发学生对现象背后的原因进行深入思考，帮助学生形成经验转化的过程，做到举一反三。只有形成完整科学的逻辑思维才能避免学习只是机械的模仿，才有可能将理论知识与实践经验进行结合，灵活解决现实生活中发生的实际问题，而学生通过已有经验获取知识后，会更容易产生自我的专业认同和职业认同。

3. 课程实施——寓身于境，强调体验表达

具身认知是我们意识与现实结合的重要纽带，是物质世界对我们自身发展产生驱动的主要方式，也是我们认知物质世界、参与并利用物质世界的主要渠道。认识了解新鲜事物的过程既要通过身体感官产生感知、被形象具体的塑造，又要通过主观意识和当下已有的直接或间接经验进行有效链接形成高效记忆，从而实现学生对知识的内化，完成知识体系的自我构建。因此在利用具身认知实现课程思政建设的过程中，教师首先要关注的重点应放在如何为学生创建与身体感官产生交互的物理场景，以及尽可能多地连接学生群体普遍具备的直接或间接经验，基于真实实践和真实情绪的表达来营造丰富的情感氛围，才能更好地引导学生投入和参与。并且在情境创设的氛围中，学生更容易找到学习行为的标杆和参照物，触发学生在不同角色、不同维度、不同层次等广阔空间中形成丰富的体验式表达，由此生成深刻的学习体验，长期影响并促进健康德育意识的形成。

4. 课程评价——观身察行，注重实践过程表现

在当下教育环境中，对课程的评价方式虽然主要还是以考试为主的结果评价，但也逐步出现了转向对过程评价的关注。而课程思政建设的内容涉及广泛且更强调实践，关注身体感官参与教学环境的程度，则更需要重视对过程的评价。身体

和外部环境在学生学习的过程中不仅是重要的组成结构，更是对知识进行加工的因果铺垫。因此在评价的维度上，我们的评价应当要能审视身体感官是否在为获取知识而服务，是否有助于在情感理念的维度发生积极变化。除了考查学生对知识的记忆程度，同时要更重视学生的实际操作能力。例如，学生对知识举一反三的内化程度，对知识在实践环境适配性选择的熟练程度以及专业知识应用后对原有场景的改善程度。根据学生在过程中的行为和实践成果，显化学生的情感倾向。同时，评价主体不应局限在教师这一单一群体，评价主体的单一，难免会导致评价的主观性和不公平性，这会过于依赖教师自身的水平。而生生评价、社会评价等多元化的评价系统，不仅促进各年龄群体、各社会阶层间的信息互通，强化课程思政建设的实践意义，更有助于构建更为完整的学生发展评价模型，体现对学生本身的关注与正向促动。

（三）课堂——课程思政建设的基本渠道

课堂教学始终是高校育人的主渠道，思想政治教育要全方位融入主渠道中，提升"课程思政"的亲和力和实效性，满足学生思想教育的需求和树立高尚的道德情操，各类课程守好自身一段渠，所有教师种好各自责任田。在课堂教学中贯彻"课程思政"教学理念，将专业教学内容与思政元素相结合，两者将教学资源互相植入，加快知识传授和专业对接的灵活化，并使有机融合的程度加深，将思政元素渗透进专业课的课堂教学当中，潜移默化地进行德育教育。例如，对科学研究投入爱国热情，在科学研发中激发创新意识，面对困难挑战具备坚守精神等，感染学生日常学习中的思想意识。创新"课程思政"的课堂教学方式，更多地需要与时俱进，专业课教师要跟上时代步伐，不仅要不断学习专业理论知识，还要学习先进的教育方式、教学手段，关注时事新闻热点，使之作为导入德育教育的全新方式，同时要注重因材施教，根据专业性质的不同，探索学生的思维逻辑、学习方式，为更好地在课堂融入思想政治教育做铺垫。专业课课堂教学要注重专业理论阐释和与现实热点问题相结合，推进教学内容设计；注重世界观与方法论的结合，以创新教育改善并提升思想政治教育以往的枯燥性；开发拓展教学资料，使之更具亲和力，更有思想性、理论性及针对性；引导学生在学习中进行思考、在观察中进行思考、在实践中进行思考，不断在思考中掌握理论知识、观察能力

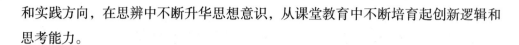

和实践方向，在思辨中不断升华思想意识，从课堂教育中不断培育起创新逻辑和思考能力。

（四）教师——课程思政建设的领航舵手

在高校专业教师课程思政建设中，清晰的认知是专业教师做好课程思政的最基本要求，专业教师只有正确认识课程思政，理解课程思政的概念和建设的重要价值，才有可能树立课程思政育人理念，自觉主动接受育人使命与责任，开展课程思政教育，实现从"要我做"到"我要做"的积极转变。因此，专业教师对课程思政的重要性认知是实施课程思政建设的基础。

专业教师的课程思政情感是教育者在认识到课程思政育人的重要价值的基础上，从情感上主动接受育人使命，承担育人职责，从自发到自觉地实施课程思政。但是，专业教师建立课程思政情感认同不是一蹴而就的，而是一个循序渐进、长效增益的过程，既包括了对课程思政教学价值的情感认同，也包括了对课程思政教学形式与内容的情感认同，在课程思政认知与课程思政行为中逐渐深化。此外，兴趣是最好的老师，专业教师课程思政的情感指向不仅影响到专业教师的行为，还影响其自身的全面发展。因此，专业教师课程思政的情感主要考查教师对课程思政的态度。

常言道"内化于心，外化于行"，在高校专业教师课程思政实践中，行为层面是相较于认知层面与情感层面更为高级的层次，也是专业教师课程思政的具体实施环节，是专业教师课程思政建设的必然要求。课程思政作为加强高校思想政治教育，助力学生全面发展的新举措，其关键就在于教师能将理念转化为实践，将思想政治教育融于专业教育，涉及课程思政教学文本修订、思政资源挖掘、教学设计、教学评价等教学工作，也包括高校课程思政大范围的建设，如课程思政教师共同体建设、思政资源库建设、承担教师培训任务等。因此，高校专业教师在课程思政的行为层面主要聚焦于如何实践以及实践成效如何的问题。

（五）学生——课程思政建设的现实成效

检验课程思政建设成果的根本标尺是对人才培养成效进行考察。学生通过课程思政建设教育能够正确认识世界、看清中国发展形势、肩负起历史使命和时代重任、将理想信念脚踏实地地落实到实际行动中。学生通过课程思政建设教育能够运用辩证唯物主义和历史唯物主义的观点分析解决遇到的问题难点，也能灵活运用辩证思维、历史思维，客观地把握历史事实和未来的发展方向，对社会生活能够看到其本质，而不简单流于表象。学生通过课程思政建设教育能够真正感悟到真善美的统一，与教师达到情感上的共鸣，不仅在知识层面、逻辑层面得到提升，在思想层面、价值观层面也得到了极大的补充。思政元素有效地融入课堂、融进头脑要掌握时机，才能在学生身上充分发挥作用，润物无声地达成实效。

三、确证课程思政建设的三个维度

（一）高度——解决育人问题的首要举措

课程思政建设定位于传播思想政治教育，课程思政依托于各门课程通过挖掘和运用专业课程蕴含的思政元素，有机结合显性与隐性教育，实现知识传授和思想引领、价值塑造和能力培养的统一，构建"大思政"育人格局，将育人这一首要问题紧紧抓住。新时代高校课程思政建设工作必须紧紧围绕立德树人的中心任务进行设计和实施，坚持以马克思主义理论为指导，坚持党的全面领导，坚持贯彻党的教育方针，遵循教书育人规律，强化育人导向，把价值引领有机融入教学全过程，充分发挥课程思政育人功能，提升育人质量。课程思政建设创新教育理念和实践铸就新时代教育之魂，以充分利用好课堂教学为总体要求，以培养大学生人才为教育导向，以助推大学生成人成才为根本目的，旨在将思想政治教育融入专业课堂，实现润物无声的育人工作，最终实现教育出能够为祖国建设奋斗终身的栋梁之才。教育乃国之大计、党之大计，从解决育人问题的高度，全力深化课程思政建设的方案和力度，以行动突破课程思政育人问题面临的挑战。

（二）广度——落实三全育人的内在需要

在社会主义建设的时代背景下，高校思想政治教育工作需要贯彻三全育人的德育理念，要充分理解其基础在于"合"，出发点在于"人"，实施中的核心在于"全"，并且要突出"协同育人"这一落脚点。而课程思政作为新时代所推出的高校思想政治教育理念，取代了传统以思想政治课为主导的思想政治教育方式，以课程为载体，将思想政治教育融入课程实施的各个环节，以实现立德树人的最终目的。可见，两者的关系是紧密相连，不可分割的。三全育人是课程思政取得建设实效的重要手段，课程思政建设是三全育人能够落实到位的重要举措。高校要进一步强化课程思政建设的理念，就必须以三全育人为基本原则，优化高校这一育人"主战场"的环境，引导学校全体教师、管理人员、学生参与其中，将思想政治教育融入课程教学、党政管理、制度建设、实践活动、校园文化等各个方面，强化课程思政的隐性功能，最终构建出一个契合时代发展要求的全员、全方位、全过程的大思政格局。

（三）深度——完善教育体系的关键一环

由于高等教育对专业细化程度较高，各专业学科侧重点不同，与文科比较而言，理工科类更容易出现"重专业技能轻育人培养、重智育课程轻德育教育"的现象，这样不均衡的教育模式已经影响到我国高等院校立德树人的教育使命和初衷追求。课程思政建设将思想政治教育融入各类课程的教学改革，使课堂教育既包含知识传授，对思想价值的引领在其中也有所体现，润物无声地实现育人目标。课程思政建设的切入点落在课堂教学，教师是进行思想政治教育的传道者，是课程思政建设最活跃要素，科学规划教学设计、合理优化课程设置、及时更订专业教材，把整套思想政治工作体系贯通于其他相关教育体系当中，充分突显出课程思政科学的逻辑理路和鲜明的实践指向。高校的课程教学具有明确的价值取向和意识形态属性。一方面，坚持守好思想政治教育课堂这一主渠道、强化教学第一课堂，唱好主旋律，承担起对马克思主义理论学习、研究、宣传的重要使命；另一方面，融合其他各门课程，激活实践第二课堂，建好主阵地，使其他各类课程的理念、精神和信仰都完全符合中国特色社会主义大学的特征。这就要求学生能够科学掌握先进的世界观和方法论，为未来处理各类问题奠定科学的思考方式和思想基础。课程思政得以推广建设需要专业知识教育拓展视野，教师不能仅立足于对"知识"本身进行教育研究，更应明确身负培育现代化强国建设所需人才的光荣使命。基于此，"教育强国"战略成为全部知识教育的最高政治立场。在国家第二个百年奋斗目标建设过程中，实现高质量发展进程需要技术"硬实力"和思想文化"软实力"相互配合、有力支撑，"教育强国"正是为这一目标而提出的。课程思政建设的目的是将国家发展的战略目标及其价值取向贯彻落实进各专业课程的教育教学之中。因此，挖掘和利用各学科蕴含的思想政治教育元素，对于充分调动各学科的思想政治教育功能，深化对学科的认识、优化教育教学体系、提高整体教学水平、提升人才培养能力来说，具有重要的现实意义。课程思政对于高校人才培养体系和教育体系都是全新的尝试与挑战，理论与实践的探索证明课程思政能够有效提升育人成效，对于完善教育体系是不可或缺的关键环节，也是创新教育教学发展的重要举措。

第二节　马克思主义基本原理

马克思主义是关于无产阶级和人类解放的科学，是指导中国的革命、建设、改革的强大思想武器，也是人们认识和改造世界的理论遵循。马克思主义能够与时俱进，高校课程思政建设也要用不断发展的马克思主义作为指导。

一、马克思主义哲学理论

马克思主义哲学指出人具有主观能动性，不仅可以能动地改造世界，还能在实践中朝着实现人的全面发展的方向努力。当前，我国高校面临着"扩招"后带来的就业压力大的问题，人才培养价值导向逐渐走向"以就业为导向"的"单向度"的困境，这对高校人才评价标准提出了新挑战。马克思、恩格斯指出，"自然科学往后将包括关于人的科学，正像关于人的科学包括自然科学一样，这将是一门科学"。由此可见，马克思、恩格斯并不排斥纯粹技术科学的存在，但是他们强调不能脱离人本的技术向度，否则将会导致"技术的意识形态"。结合我国现状，选择"以就业为导向"的初衷是加速高校产学研一体化进程，但由此引起的人才评价单一化问题是我们亟须解决的。马克思等人关于科学的人本向度的描述提醒我们应追求"多元化"导向的人才培养目标，高校课程思政理论建构和实际推行也要始终围绕"多元化"价值导向，这正是马克思主义哲学的内涵。

二、马克思主义教育理论

马克思主义教育思想提到，唯物主义关于教育的环境决定说忽略了很重要的一点——"环境是由人来改变的，而教育者本人一定是受教育的"。这表明了改变环境最重要的因素是教育者，而教育者又是环境的产物。这与课程思政建设理念是一脉相承的，高校课程思政建设要求专业课教师承担起道德教育的责任，通过创造良好的课堂氛围让师生能够开展积极的互动交流，改善师生关系，从而改善整个教育大环境。

三、马克思主义实践理论

马克思主义完整的科学理论体系是建立在哲学理论基础上的，而马克思主义的哲学理论则是在实践论的基础上发展起来的。马克思主义实践论区别于"抽象思维"的唯心主义和"直观思维"的旧唯物主义。马克思认为，实践是一切事物和现实的基础。从发生机制来看，教育实践是人类实践的一种特殊方式。教育实践作为独特的实践活动，脱离了生活实践，具有实践的共同属性。由此可见，课程思政建设是以课程思政实践活动为直接现实基础的，从马克思实践论出发，课程思政作为一项意识形态的教化工作，应坚持实践的教育本位。课程思政建设的理念、实施原则、方法、内容是否正确，课程思政建设能否真正取得实效，都需要在实践中加以检验。因此，以马克思主义实践论作为高校课程思政建设的基本原理，有助于发现课程思政工作开展过程中出现的问题，以期提高课程思政建设的实效性。

关于人的认识的真理性标准，马克思指出："人的思维是否具有客观的真理性，这不是一个理论的问题，而是一个实践的问题，人应该在实践中证明自己思维的真理性。"世界上不存在一成不变的终极真理，真理必然是随着实践不断发展的。人的认识是一个不断上升的过程，每个人都应该在实践中不断超越自己，在检验与发展真理的过程中促进实践的发展。实践作为检验真理的唯一标准，其能否取得成效取决于个人在进行实践的过程中是否遵循了客观规律，是否尽可能发挥了自身的条件与能力。高校必须充分认识到实践教育在大学生教育课程中的重要性，要不断引导学生树立科学的实践观，让学生明确实践是检验他们有关教育类课程学习效果的最终标准。课程思政建设离不开马克思主义实践观的指导，只有将实践这个真理性标准具体运用到课程思政的教学方法改革之中，才可以不断丰富课程思政的教学思路，不断认清学生认识层面存在的矛盾，从而加以指导，最终有效推动高校课程思政建设。以马克思主义实践观指导课程思政建设，不仅是立足于国家和社会发展的现实需要，也是充分审视了目前课程思政教学方法改革中存在的不足，将课程思政建设落到实处的举措。大学生的创新思维是具有主观性的，而启发大学生创新思维的来源与最终归宿是客观的。大学生需要将自己的创新思维与能力具体应用于实践活动之中，以实践检验自己的认识，从而进一步带动思维能力的提升。

四、马克思主义价值观理论

马克思主义价值观是符合历史发展规律的、站在人民立场之上切实维护人民根本利益的、推动社会发展的价值观。它的出发点是无产阶级的根本利益和全人类的解放，它的最高价值理想是追求和实现共产主义。马克思主义价值观以辩证唯物主义和历史唯物主义为指导，以发展社会主义、追求共产主义为理想目标，以无产阶级和人民大众为主体。马克思主义价值观教导我们以马克思主义为立场去回答人与世界的价值关系问题。马克思主义价值观能够在把握时代价值内容的基础之上，不断地吸收时代价值的思想精华，紧紧跟随时代步伐。信仰马克思主义的后继者们在实践中不断充实和丰富马克思主义价值观的内容，使其焕发蓬勃的生命力，更好地指导今后的实践行动。社会主义核心价值观就是马克思主义价值观根植于中国特色社会主义实践的现实土壤、与中国具体国情相结合的产物，它与马克思主义价值观概念相通、逻辑一致。习近平总书记认为："青年的价值取向决定了未来整个社会的价值取向，而青年又处在价值观形成和确立的时期，抓好这一时期的价值观养成十分重要。"当前高等教育中，必须给予大学生正确的价值取向指引，使他们形成价值认同，要让育人主体和育人对象在实践学习中确立价值关系，在未来的实践过程中充分发挥课程思政建设的思想政治教育价值与功能。

五、马克思主义系统观理论

在马克思主义理论中，关于系统观的思想在马克思的理论体系中体现得非常充分，系统观早已在马克思和恩格斯的辩证法当中得以体现。马克思主义系统观就是唯物辩证法关于事物联系普遍性原理的具体化，是唯物辩证法世界观的重要组成部分。

系统观是辩证法的枢纽和关键。马克思主义的系统观认为，物质世界是普遍联系着的，任何事物不但同周围的环境相互联系、相互作用，其内部的各要素也是相互联系、相互影响的，由此构成一个整体。马克思主义非常重视事物的普遍联系，提倡利用辩证法来理解和把握事物之间的联系。

辩证法为系统发展提供了重要指导。正因为这样，辩证法关于普遍联系的观点和永恒发展的观点是系统思想最核心的内容，现代系统论以至整个系统科学是对这一核心观点的论证、展开、具体化和进一步发展。总而言之，系统内部各要素、系统与其外部环境都存在联系，在普遍联系之中实现动态的发展。

马克思主义系统观对高校思想政治教育与课程思政同向同行机制具有能动作用，是同向同行机制发展的理论指导。马克思主义系统观能够把握系统的特性，促进系统的发展。同向同行机制系统这个整体是由不同的要素组成的，各个要素之间要相互交流、互通有无才能产生整体大于部分功能之和的系统功能。从结构层面分析，需要优化同向同行机制系统内部要素之间的排列结构，从而促进系统功能的优化。同向同行机制系统也受到外部环境的影响，并且会随着外部环境的变化而发展变化，所以要优化同向同行机制系统的外部环境，促进其发展，提升系统的整体效能。

第五章　高校思想政治教育与课程思政协同发展的现状

高校思想政治教育与课程思政协同发展是一项系统工程，同时高校思想政治教育与课程思政协同发展中也存在着诸如思想观念、制度建设和顶层设计等方面的现实困境。本章分为高校思想政治教育与课程思政协同发展的成效、高校思想政治教育与课程思政协同发展的现实困境两个部分。

第一节　高校思想政治教育与课程思政协同发展的成效

一、高校思想政治教育与课程思政协同发展的研究成效

随着高校思想政治教育与课程思政协同发展由理念层面转向实践的持续推进，其研究内容由最初的理论基础研究转变为实践操作研究，其研究主体日益丰富，研究视角也随之持续提升。

随着高校思想政治教育与课程思政协同育人系统的深入构建，关于二者协同发展的研究由初始理论探索阶段转向深层次的实践探索与理论更新阶段。对其协同发展的历程进行梳理分析，一方面可以把握现有的理论研究与实践探索经验，另一方面可以在现有理论与实践的基础上，在分析问题和解决问题的过程中促进高校思想政治教育与课程思政协同发展的优化创新。

思想政治教育与课程思政协同发展的相关研究呈逐年递增的趋势，从理念提出至今，该研究对象仍是学术界讨论的热点话题。

从研究主体来看，随着该协同发展实践的日益完善，研究主体随之持续拓

宽。思想政治课与高校其他专业课程的相关学者与授课教师构成了其主要的研究主体。思想政治课学者与授课教师的探究成果，如对课程思政的概念进行了界定，并据此提出了课程思政的内在要求与在发展过程中所需重点关注的几个环节，从专业课程的角度分析了推进课程思政发展的要点。

从研究视角来看，对于此问题的研究持续深入，使研究的关注点日益丰富。一是从基础理论入手进行相关探讨，从相关理论出发，结合时代发展，深入探讨了在互联网时代如何将课程思政与互联网相结合；二是从协同发展的价值意义层面入手，深入分析思想政治教育与课程思政协同发展的实践与理论意义，并提出了相关路径发展。

在新的历史阶段，我国的思想政治教育"立德树人"的根本目标能否真正有效并系统落实一直是学界研究的热点问题，相关文献也是层出不穷。虽然相关文献的数量呈上升趋势，国家层面与各高校同样注重顶层设计，对思想政治教育的重视程度越来越高，并且将思想政治教育教学模式进行了创新与丰富，但是，摆在高校教育者面前的现实情况是，高校思想政治教育的效果并未完全达到预期的目标，其中一个很重要的原因是在思想政治教育与课程思政协同发展的过程中，许多既有的探索并没有真正提出将二者的发展与教学结合起来的有效路径，仍是各自为政，并没有真正形成教育合力。涉及高校思想政治教育与课程思政协同发展的研究较少，主要论述构建思想政治课程协同体系的现实困境与解决途径，从而实现高校全课程协同育人的强大合力。

总的来说，宏观上，社会各界肯定了高校思想政治教育与课程思政协同发展研究的积极意义；微观上，对二者协同发展的有效路径进行了探析。但是总体上看，随着实践的不断发展，二者的协同发展也要与时俱进，理论和实践研究有待进一步研究与完善。

二、高校思想政治教育与课程思政协同发展实践成效

（一）发挥了课堂教学的主渠道作用

首先，思想政治理论课在不断的改进中得到了增强，提升了思想政治教育的的亲和力和针对性，满足了学生成长的发展的需求和期待。其次，加强了在通识教育中根植理想信念的教育。例如，为了引导高校大学生牢固树立"四个自信"

（道路自信、理论自信、制度自信、文化自信），高校根据自身办学特色纷纷开展"中国系列"选修课程，立足中国实际，讲好中国故事，在潜移默化中以有效的形式向学生传授正确的价值观和理想信念，作为一种隐性教育，与思想政治教育课程这个显性教育共同提高高校思想政治工作水平。最后，专业课程中融合了知识传授和价值引领。以专业知识为载体对大学生进行思想政治教育，具有独特的优势，有利于使专业课程在知识传授中与价值观教育同频共振。

（二）关注了学生的理论需求

高校思想政治课程打破了以往枯燥乏味的固有模式，增强了思想政治教育课堂的趣味性，加强了学生学习思想政治教育课程的积极性和主动性。

（三）培养了德智体美劳全面发展的人才

教育的根本问题在于解决"培养什么人、怎样培养人、为谁培养人"。立德树人的根本目标和中国共产党的事业薪火息息相关，不仅是"两个一百年"奋斗目标的基础，也是中华民族伟大复兴中国梦实现的前提条件。思想政治教育紧紧围绕着大学生这一主体，秉持着为大学生服务的基本原则，持续增强了大学生的思想道德水平，提升了大学生的政治觉悟和理念，培养了良好的文化素养，让学生成长为德才兼备的社会主义接班人。

第二节　高校思想政治教育与课程思政协同发展的现实困境

一、协同发展的思想观念尚未完全形成

思想观念是行动的指南与先导，因此思想观念对具体实践的展开具有指向性的效用。高校思想政治教育与课程思政协同发展能否有效展开并实现其功能，相关建设主体的传统教育教学理念是否得到更新则显得尤为重要。二者的协同发展作为增强高校思想政治教育效用的重要一环，其理念一经提出便得到了从教育部到地方各高校，再到思想政治教育工作者的高度重视，在具体实践中同样取得了较为显著的成效。但不可否认的是，应当看到，全国各高校在协同发展过程中，在思想观念层面还存在些许问题。

一方面，高校管理者没有能够充分重视思想政治教育与课程思政的协同发展。高校管理者在学校是处于核心地位的决策者与引领者，其思想观念、行为作风会对学校的工作全局产生一定的影响。若高校管理者不重视思想政治教育与课程思政的协同发展，其以往的观念没有得到及时的补充与更新，就必然会直接影响高校其他教育主体对全课程进行思想政治教育的认识、挖掘与进一步运用。在具体的思想政治教育教学实践过程中，我国部分高校管理者的注意力与精力绝大部分集中于传统的思想政治教育课程教学，将进行思想政治教育的渠道完全托付于此，从而导致大量的资源投入完全倾向于思想政治教育，而忽视了课程思政的构建，造成二者失衡。因此，高校管理者在二者的协同发展过程中切不可厚此薄彼，而是要将高校专业课程中所蕴含的更深层次的思想政治教育资源加以挖掘运用，使课程中的多种资源得以利用，从而使这些隐性教育资源的效用得到充分发挥，提升思想政治教育的实际效用。

另一方面，目前在高校思想政治教育与课程思政协同发展的过程中教育者自身思想观念存在些许问题，致使二者的协同发展无法有效开展，这些问题主要体现在以下几个方面。

第一，受限于长期以来高校培养专业技能人才的教学理念，部分高校教师没有意识到思想政治教育需在高校建全课程育人的协同体制机制，在不重视思想政治教育的同时仍旧将其视为仅仅是思想政治课程教师的职责。

第二，在现阶段的高校思想政治教育与课程思政协同发展中专业课教师缺乏思想政治教育理论基础。对专业课中所隐含思想政治教育资源的发掘提炼需要专业课教师具体践行，但从目前的实践来看，我国部分高校专业课教师对思想政治教育知识的储备还不够充裕。高校要进行课程思政建设，必须切实提高专业课教师的相关理论基础，才有可能在专业课教学过程中有效挖掘出相应的思想政治教育资源，继而将其进一步应用于教学实践中。但是，我国高等教育培养专业领域人才的传统育人理念，导致高校专业课教师埋头于各自专业领域的理论研究，鲜有时间主动去涉猎相关思想政治教育理论知识，导致其思想政治素质不够强，继而使专业课中所具备的思想政治资源难以有效发现并真正运用到课堂教学之中。

二、协同发展的制度建构仍需持续完善

高校思想政治教育与课程思政协同发展需要人与制度共同发力，因此除上述"人"的因素之外，有效制度的建构同样不可或缺，但是从现有的实践来看，在高校思想政治教育与课程思政协同发展的过程中，制度的缺失现象不容忽视。

第一，组织管理机制缺乏整体规划。组织管理机制缺乏整体性，体现在缺乏系统性统筹和顶层设计。高校思想政治教育与课程思政协同发展的构建离不开整体规划。在高校课程思政建设过程中，部分高校规划了较为完善的顶层设计，但从全国范围来看，大多数高校对课程思政建设的顶层设计缺乏整体规划，主要是领导重视不够、领导制度不健全等。很多高校在顶层设计和整体规划方面，并没有系统设计出一体化的协同机制。在组织管理机制方面，存在诸多不健全、不完善的地方。高校人才培养体系的规划还不能有效体现出思想政治工作的内容，各系、各行为主体之间缺乏有效衔接，没有形成应有的同频发力，相互之间缺乏强有力的协同保障机制，导致思想政治工作因为统筹性不足，课程思政的立德树人效能深受影响。纵观全国诸多高校课程思政改革的有关文件，有的可以看到系统的诸如责任落实、师资培养等机制的设计，而有的高校课程思政工作机制仍不健全、不完善，这限制并影响了教师推进课程思政建设的积极性。高校课程思政建设还处于探索期，同向同行、协同育人需要联合学校职能部门、教学院系等各方面的力量，涉及的范围比较广，开展的难度较大。系统整体性功能的高效发挥必须依靠各要素之间的有效配合与协调，但高校没有形成权责明确、科学分工的多层级管理机制，协同发展没有形成完善的管理规范和运行机制，高校思想政治教育与课程思政同向同行、协同育人尚未得到充分、有效落实。

第二，高校思想政治教育与课程思政协同发展的保障机制仍需完善。高校作为一个职级明确的教学科研机构，每一个层级都拥有各自明确的职责和使命，就主体的层级看，主要分为学校党委行政处、各院系以及任课教师。虽然二者协同育人系统的构建正在稳步推进，但就其实践过程来看，国内大部分高校对这一问题的探索仍然处于起步阶段。具体到每一层级的工作，学校党委行政处推进工作的方法大部分采用开会讨论并发文通知，以文件来推进工作的进行。在各院系中，二者协同发展的推进多数根据各自院系的情况自行决定，并未形成有效的监督机制。任课教师也因此没有明确的教学目标与责任要求，加之缺乏相关的考核评价

机制，导致其积极性不高。只有在每个专业院系内对课程思政达成共同认识，加之思想政治教育的引领和加入，才能实现协同发展的理想状态。实现此理想状态更离不开高校内行政部门与教学部门之间的配合与支持。高校内设部门的参加和鼎力支持，为课程开设和教学工作解决大后方问题，才能使高校思想政治教育与课程思政协同发展的工作顺利开展，也为协同发展提供积极的氛围和强大的动力，只有这样，教学效果也才能真正实现质的飞跃。但二者协同发展不足的现实问题却不容小觑，我国部分高校对此课题进行了长期的理论研究和实践摸索，其中不乏喜人的研究成就，但仍任重而道远。在当今的时代背景之下，对协同发展的探究更具复杂性，在双方进行协同育人的过程中，诸如相关责任主体动力欠缺的困境依旧没有完全解决等此类问题有待相关主体进行革除。因此，推进二者的协同发展应建立有效的制度保障机制，用制度为其保驾护航。

第三，高校思想政治教育与课程思政协同发展的激励机制尚未健全。调动各建设主体的积极性与创造性，推进二者的协同发展有赖于完善的激励机制。但是从目前的实践来看，各高校在实现协同育人的过程中，缺乏有效的激励机制。尤其是在经费保障、课程要求以及激发积极性等方面，激励机制的缺失更为显著。不少高校的行政管理部门、教学部门以及授课教师在推进协同发展的创新上表现出了较为普遍的观望、徘徊态度，更有甚者出现了消极抵制的态度。诸如此类现象的出现，激励机制的不健全作为其中一个诱因负有不可推卸的责任。

第四，高校思想政治教育与课程思政协同发展的评价机制有待完善。教学评价是引导课程和教学走向的重要因素。思想政治教育课程与课程思政教学评价依据一定标准、方法对课程的立德树人教育事实进行价值判断，以激励、反思、调整高校思想政治教育与课程思政合力的方向和结构。思想政治教育课程与课程思政在教学评价上存在的冲突一定程度上对合力的形成进行了降维。首先，思想政治教育课程与课程思政教学评价视角存在错位。思想政治教育与课程思政教学评价的价值标准因不同的立场、观点和态度，是不同价值主体诉求的反映。课程思政的教学评价是离散性的价值标准，而思想政治教育课程在评价上以高度集中和统一的价值和意识形态为代表，在评价中也存在着宏观与微观、多元与单一的结构矛盾。同时，由于价值观念的建构和价值判断能力的培育效果在课程中呈隐性，难以识别和测量，教学评价的主观性较强，周期较长。特别在于不同学科间工具性价值和教育性价值的分散，在教学评价上易受局限，如自然科学偏工具理性视角易促使课程思政的教学评价趋于结果评价和行为选择，而人文性课程的经验性视角，则注重于过程评价，在思想政治教育课程的评价上也易发生以知识评价代替价值评价的错误。思想政治教育与课程思政合力育人中各课程教学评价的错位，增加了思想政治教育与课程思政整合性和统一性的难度。其次，思想政治教育与课程思政教学的复杂性与评估标准简单化的矛盾。思想政治教育课程与课程思政教学是复杂的、动态的价值育人活动，受价值性内容的非理性因素影响，往往呈现为非程式化的、开放的、多样化的过程样态。思想政治教育课程与课程思政合力系统中呈现出空间关系、时间演化的复杂性，涉及课程与课程、知识与价值之间的水平关系和垂直关系，通过教学主体在教学规约下的相互作用而产生联系。而教学评价在很大程度上受管理因素影响，追求统一标准和普适规范，通过评价反哺教学，追寻秩序性、程式化、快捷性的传递价值方式，以寻求稳定统一的标准，在评价上凸显课程具体内涵和情境的分离，消弭了思想政治教育课程与课程思政教学的多样性，教学标准的抽象化、机械化和简单化，使思想政治教育课程与课程思政在教学共识上产生隔阂。最后，思想政治教育与课程思政结果评价的不同处理方式造成的冲突。教学评价结果的处理方式不当，容易导致对学生正确价值观的形成评价不当。一方面，基于教学活动的环节拆分对教学目标、内容、方法的评价以及将学生价值知识、价值选择和判断能力、价值情感等设置为独立评价体系，使思想政治教育与课程思政的教学评价模块化、分隔化，不利于背景性和整体性的价值评估。另一方面，由于学业成就评价是最常用的认知与技能的教学评价标准，在思想政治教育与课程思政新的合力评价机制建立过程中，为鉴定学生价值性知识掌握程度，通常使用以量化评价为主的评价方式。在思想政治教育与课程思政教学中，整体性评价与项目式评价、量化评价与质性评价的不同处理方式以及各方式的独立运行，一定程度上影响了思想政治教育与课程思政合力的形成。在协同发展具体实施的过程中，由于对于思想政治教育的效果没有完善的评价与考核机制，在思想政治教育工作出现相互交叉时，部分高校的教育工作者存在互相推脱的现象，这种现状直接阻碍了高校思想政治教育协同育人系统的构建与发展。在协同育人的进程中，对任课教师进行评价时，大学生对思想政治教育的接受程度、教师进行思想政治教育的能力并未与教师的评先选优、职称评定、工资晋升等相关联。这样的评价机制会导致被考核者缺乏对相关问题进行思考和研究的激情与动力，因此专心深入研究课程思政者寥寥无几，这必然会影响到高校思想政治教育与课程思政的协同发展。在促进协同育人的进程中，高校本应对相关建设主体提出更高、更严格的要求，但是相关评估机制的缺失导致对建设主体的高标准、严要求成为空谈，相关要求只停留在文件宣传层面，在实际授课过程中并未得到充分体现，任课教师也因此摆脱了制度的约束，导致思想政治教育的效果也并未得到有效提升。

第五，高校思想政治教育与课程思政协同发展的沟通机制有待优化。部分高校思想政治课教学长期处于单打独斗的封闭状态，院校与院校之间、专业与专业之间缺乏有效及时的沟通。这种长期的封闭状态导致高校思想政治教育和课程思政独自发展，久而久之就形成了相对独立的状况，思想政治教育与课程思政授课内容相互脱节，并没有建立起有效的沟通反馈渠道。在实际教学实践过程中，反馈渠道的缺乏或反馈时间的不及时，会导致二者无法及时掌握对方教学实践中的实际开展情况，进而无法有效调整教学目标与方案，导致信息传递断裂，形成恶性循环，无法实现全课程进行思想政治教育的协同作用。

第六章 高校思想政治教育与课程思政协同发展的意义与路径

高等教育要实现"立德树人"目标，需要高校思想政治教育和课程思政的协同发展才能形成合力。本章分为高校思想政治教育与课程思政协同发展的意义和高校思想政治教育与课程思政协同发展的路径两部分。

第一节 高校思想政治教育与课程思政协同发展的意义

一、巩固马克思主义的指导地位

新时代高校思想政治教育需要课程思政强化马克思主义在高校意识形态领域的主导地位。随着经济全球化和网络信息的发展，多种社会思潮不断传播和发展，冲击了马克思主义的主导地位。一方面，市场经济条件下，出现了金钱至上、唯利是图等不良思想。在利益的驱动下，实用主义、利己主义逐渐充斥人们的大脑，物质满足取代了精神满足、理想信仰。在有限的精神生活空间里，现代人的政治意识修养也渐渐淡化甚至空缺。另一方面，西方社会主义思潮对马克思主义的冲击。西方文化霸权主义、不良文化输出一定程度上影响了马克思主义的话语权。因此，我们必须借助课程思政强化马克思主义的话语权，彻底巩固马克思主义在高校意识形态领域的主导地位。

二、落实立德树人的根本任务

立德树人是高校思想政治教育的根本任务，课程思政与思政课程协同育人有利于实现立德树人的根本任务。大学是一个人树立思想观念和价值观点的关键阶段，需要老师的正确引导和精心培育。课程思政与思政课程合力育人，学生在学习专业知识的同时也能树立正确的思想观念和价值观点。课程思政发挥协同作用，改变思政课程的孤岛困境，提高思想政治教育的实效性。课程思政与思政课程协同育人，起到了"1+1＞2"的效果，切实贯彻铸魂育人、立德树人的根本任务。

三、提升高校思想政治工作质量

高校思想政治工作归根结底还是育人工作。高校的育人目标是为国家、为党、为社会培养全面发展的人才，通过教育的手段让社会主义核心价值观走进学生的头脑、走进学生的心里，帮助学生成长成才，增强学生为国家建设踏实奋斗、为中华民族伟大复兴勇往直前的信心。为此，在教育过程中，抓好课程这一育人的主要阵地，将思想政治教育贯穿教育教学的全过程至关重要。

高校思想政治工作是一个系统性的整体，由不同要素或子系统构成。在这个体系中，各种要素都在不同程度地发挥着育人的功效，承担着育人的责任和使命。中华民族是一个团结向上的民族，团结协作是中国人做人做事的一项基本准则，更是我们取得许多建设成果的重要原因。为了达到育人的最优效果，提升育人质量，推动各子系统实现协同育人是提升思想政治教育效果的一项重要举措。在课程协同层面，思政课程与课程思政二者有着明确的分工，共同推动着思想政治工作质量的提升。一方面，思政课程发挥着价值引领的作用，是育人的排头兵；另一方面，课程思政发挥着协同作战的作用，是育人的"好战友"，二者的协同使高校形成全课程育人的格局，推动着育人事业的高质量发展。

四、确保育人工作贯穿教育教学全过程

立德树人是高等教育的根本目的，要始终坚持育人为先，促进学生身心健康发展。这就需要建设高质量课堂，保证育人工作贯通教育教学全过程。所谓的教育教学全过程，就是指一直围绕育人目标，把知识导向和价值引领相结合的全过程。教师在教学过程中应弘扬主旋律，发出中国声音，讲述中国故事，弘扬中国精神。长期以来，思想政治教育像是一座孤岛，思政课教师存在孤军奋战的局面。

课程思政有利于打破这一局面，与思政课程携手同行、并肩战斗。课程思政是隐性思想政治教育，弘扬社会主义核心价值观，实现教书与育人的统一。

五、有利于完善思想政治教育课程体系

思想政治课是巩固马克思主义基本观点的指导地位，培养学生树立正确三观的主要课程之一。高校思政课程教学体系主要是培养—教学—输出三个环节。第一个环节里面的培养指传统的课堂教学，第二个环节拥有丰富多样的教学方式，包括实践教学、活动教学等，最后一个环节是考试环节，是学生成绩展现、知识性成果输出的阶段。强化课程思政建设有利于健全思政课程教学体系，让其更加完善充实，主要有以下两点。

（一）有利于优化思政课程教学方式

长期以来，思政课程教学方式多是传统课堂教学，不能很好地深入实践参加社会活动，教学实践形式比较单一。然而，课程思政的到来解决了这一尴尬境地。教师们可以通过多媒体课堂展现课程思政元素，让学生充分、自由发挥自身特长和创造力，表达自己的观点。近几年以来，发达城市多媒体教学使用率高，西部某些落后地区仍旧停留在传统教学方式上，教学资源分布不均。课程思政建设就可以让学生离开课堂，走进社会，积极参与各种形式的社会实践。从而反过来促进学生思政课成绩的进步，让他们真正喜欢上思想政治课，真正地看到课程思政的教学成果。

（二）有利于完善思政课教师评价体系

教师自身教学能力的提高也是教学体系的重要组成部分。高校思政教师应该积极发挥主观创造性，发挥好思政课的课堂优势，把课程内容与课程思政相联系。学校可以积极开展教师课程思政大讨论和大评比，完善教师晋升渠道，强化教师在课程思政上所发挥的不同优势。课程思政建设渗透到教师队伍建设中，完善教职工奖励考核机制，通过绩效标准积极鼓励教职工参与课程思政，而不是充当"旁观者"。所以，在课程思政建设过程中可以不断提升教师自身的素养，创新教学方式，将教学与实践融会贯通。

六、有助于应对高校意识形态教育的复杂形势

意识形态建设一直是我们党和国家的一项十分重要的工作。高校作为推进我国意识形态建设的示范性阵地，肩负着深入进行党史学习和理论研究、宣传中国化的马克思主义、培育和践行社会主义核心价值观、实现中华民族伟大复兴中国梦的重大任务，而帮助大学生形成正确的价值观是高校意识形态工作的重中之重。

伴随市场经济的快速发展和各国文化交流的不断加深，影响大学生价值观念的因素越来越多，也越来越复杂。首先，市场经济为大学生的个人主义和拜金主义提供了生长的土壤。市场经济条件下，社会群体在利益分配方面出现不均衡，他们会从集体主义、无私奉献的价值取向转变为个人主义、功利主义的价值取向。这种现象的存在，对大学生的价值观念产生了较大的影响，既有"天下兴亡、匹夫有责"的使命担当，又容易产生拜金主义、极端个人主义的倾向；既在学校接受了正面教育，又容易受到社会上某些消极腐败现象的影响。其次，西方价值观和文化思潮的大量涌入，在一定程度上弱化了部分大学生的民族意识，使之出现了政治信仰的迷茫和缺失。部分大学生在其影响下开始逐渐迷失自我。最后，部分高校开设思想政治理论课程仍然形式单一、内容僵化等问题，容易引起学生反感，不利于当代大学生正确人生观和价值观的塑造。

"课程思政"理念的提出对提升高校思想政治教育质量和提高高校思想政治理论课教学效果来说都发挥着重要作用。各类课程教师尤其是一些德高望重的学科专家、知名教授，在课堂教学中主动发掘思想政治教育资源，以"润物细无声"的方式教育学生，对大学生来说更具有亲和力、感染性和渗透性。因此，促进高校"思政课程"与"课程思政"协同育人能够在不引起学生反感的前提下实现全课程育人的目标，从而达到巩固马克思主义意识形态主导地位的目的。

第二节　高校思想政治教育与课程思政协同发展的路径

一、优化高校课程思政建设环境

高校历来是国家意识形态工作的前沿阵地，做好高校的意识形态工作，不仅有利于国家的安全稳定，而且有利于中国特色社会主义事业的建设发展。高校制

度体系的完善能够为教学发展、教师发展提供良好的环境，促进教学工作的有序进展和教师的良性发展，进而做好高校意识形态工作。同时，也能够为学生提供一个良好的环境，促进学生的发展。

（一）完善高校课程思政建设的体制机制

加强高校课程思政制度建设，就要坚持党的领导。在高校的教育建设中，要让高校成为坚持党领导的坚强阵地。

1. 坚持党的全面领导

一是加强党的政治领导，高校始终坚持以习近平新时代中国特色社会主义思想为指导。在课程思政建设过程中，各项工作都要在原则立场上始终与党中央保持高度一致。

二是加强党的思想领导。坚持以马克思主义理论为指导思想，深入学习和贯彻习近平总书记重要讲话精神，贯彻学习确保高校意识形态工作的各项要求。

三是加强党的组织领导。坚持高校党委领导下的校长负责制度，组织落实高校课程思政发展过程中的日常教学管理与科研工作，确保课程思政建设的各项工作能够顺利开展。

2. 建立完备的教学管理长效机制

高校在教学发展过程中，由于课程设置不同，师资间存在差异是客观存在的，因此，如何管理教师，协调教师发展之间的差异，对课程思政的建设发展成效有重要作用。

一是要加强管理人员的服务和责任意识。加强教学服务管理，首先要制订适应课程思政在发展中的差异性，分配不合理的教学资源。根据不同专业特点制订合理的教学计划，逐渐形成以管理促服务、以服务促教学的完备长效机制。

二是要加强教师和管理人员间的交流。高校管理者在学生的日常工作中，基于大量的管理和服务工作，形成了一定的经验。管理人员与教师加强沟通合作，能够帮助教师从侧面了解学生状况，有利于教师在教学过程中根据学生特点，因材施教，及时发现和解决问题，促进学生的全面发展。

3. 完善课程建设的相关制度

课程制度建设是承载课程思政"知识与价值的传递"的桥梁。在课程思政建设发展的必然趋势下，完善课程建设制度是必不可少的一环。

一是要完善教师培训制度。在政府统一调控，高校自主发展的背景下，应在教师队伍中加大培训力度，保证经费充足，支持和鼓励教师的专业技能和课程思政能力的发展。在教师的评价反馈下，对存在的不足加以改进。

二是要完善教学管理制度。高校要坚持以人为本的理念，树立服务意识，在教学大纲和管理制度的不断修订下，实现服务与教学的有机结合，促进高校课程思政实现"立德树人"的根本任务。

三是要完善教材开发和审查制度。课程思政教材是要完成思想政治教育和专业课程的有机融合与创新。教材开发与审查制度的完善，能够更好地把控专业思政创新教材内容中思想政治教育与专业课程知识的契合程度，把握教材是否能够结合社会发展、社会热点和学生认知发展特点，从而呈现出符合学科知识内在逻辑和促进学生全面发展的教材内容。

（二）搭建课程思政实施的信息共享平台

随着互联网技术的迅猛发展和信息技术在教育教学中的广泛应用，越来越多的网络教育走进人们的视野。目前，大学生正处于人才聚集、知识爆炸的时代，自身需求也越来越多样，在物质方面和精神方面都有更高的需求。这对教师的要求也不断增高，对高校教育工作同样提出了更高的要求。因此，高校对教育信息平台的建设刻不容缓。

1. 建设思想政治教育平台

在全国高校思想政治理论课教师网络集体备课平台中，有专题活动、课程资源以及特别推荐三个模块，为全国高校思政理论课教师提供资源。但目前很多高校并没有建设此类平台，不利于教师获取有关的教学信息。在教育资源的运用上，多数高校的思想政治教育教学以混合式教学方法，以微课、慕课等微平台的形式，既打破了时间限制，也打破了空间限制，能够在教学中创造良好的教学环境，辅助各任课教师的线下教学。高校面对新媒体要应因事而化、因时而进、因势而新，全力打造线上线下思想政治教育平台，使思想政治教育资源能够共享，将资源更合理地利用起来，使思想政治课堂的内容更加丰富，进而使思想政治课堂的效果更加明显。课堂教学中也可以利用云课堂、雨课堂等信息平台的应用，辅助教学。

线下思想政治教育宣传可以通过如校园网、微信公众号、微博等网络宣传平台，以特色的宣传方式设置关于思想政治教育的栏目，让学生在日常生活中也能潜移默化地受到思想政治教育的影响和教育。

2. 建设课程思政资源共享平台

在课程思政建设中，已经出现"新华思政"，它是新华网联合高校成立的"课程思政"教学资源库、人民网"课程思政"资源库、中科软股教育科技"课程思政"资源库等的"课程思政"教育资源库的共享平台。随着互联网技术的发展，高校也可以建立一个有自身办学特色的"课程思政"资源共享平台。高校可以在搭建的平台中，展示相关教师在课程思政实施中的教学经验、教学成果等，促进课程思政教师的信息共享，并及时有效利用，从而促进思政教师教学水平的发展，提升教学能力。高校要充分利用多媒体设备以及信息技术，建立优质资源共享平台，促进教师之间的良性发展，进而创建一个良好的课程思政建设环境，推动高校课程思政的进一步发展。

二、妥善处理课程思政与思政课程之间的关系

在推进思想政治教育与课程思政协同发展时，一定要明确思想政治教育与课程思政的真正内涵。课程思政并不是把专业课程上成思想政治教育课，对思想政治教育与课程思政协同发展要精准定位，协调好思想政治教育与课程思政之间的关系。

（一）明确课程思政的内涵

课程思政和思政课程各有特点，各有优势。协调好课程思政与思政课程之间的关系，首先就要明确课程思政的内涵。现实中，部分教师对课程思政的内涵理解错误。课程思政和思政课程不一样，各有其侧重点。课程思政偏重引领学生的价值观，思政课程偏重理论灌输，系统地对学生进行思想政治教育理论讲授。因为没有理解课程思政的内涵，有部分教师把专业课上成思政课，反而忽视专业课程的性质和专业知识的讲授。课程思政是一种教育理念，在所有课程中融入思想政治教育元素，增强对学生的意识引领和价值观引导。"一般而言，可以理解为'思政课程'的外围课程，或'思政课程'的拓展课，或综合素养课，抑或与'思

政课程'遥相呼应的课程。"这是对校内课程思政的课程定位，而且要注意课程思政并不局限于学校，它也是沟通校内与校外思想政治教育的桥梁。校内外形成育人合力，有利于促进三全育人。

（二）坚持思政课程的引领作用

思政课程是开展思想政治教育的主要途径，在推进思想政治教育与课程思政协同发展的过程中，应该始终坚持思政课程的引领作用。思想政治教育是传播马克思主义理论的主要方式，具有明显的意识形态属性，在推进协同育人工作时，必须占据主导性位置。思政课程旗帜鲜明地全面贯彻党的教育方针，是高校立德树人的关键课程，是培养社会主义建设者和接班人的灵魂课程，应在教学体系中居于核心地位。

思政课程要发挥领航作用，及时学习中央的大政方针、文件政策，及时更新思想政治教育内容。思政课程必须始终坚持社会主义办学方向，巩固马克思主义在意识形态领域的指导地位，坚持正确的政治导向。

①思政课程要引领课程思政的政治方向。虽然国家提高学术自由，但是政治红线一定不能踩。学术研究无禁区，课堂讲授有纪律。要警惕西方的意识形态演化。作为思想政治教育的主渠道，思政课程要引领课程思政坚持正确的政治方向，坚持社会主义办学性质。课程思政政治方向不正确，就会造成教书不育人，违背课程思政的初衷。同向是同行的前提，思政课要发挥自身优势和功能，引领课程思政的政治方向。

②思政课程要引领课程思政的育人理念。思政课程和课程思政的根本目的还是育人。大多数大学生都认为要多多关注国家发展现实生活。我国高校是社会主义性质的学校，理所当然培养的是社会主义建设者。课程思政要培育学生的社会主义核心价值观，引导学生增强道路自信、理论自信、制度自信、文化自信；增强学生对中国特色社会主义制度的认同感，增强对建设社会主义强国的使命感和责任感。

（三）发挥课程思政的协同作用

思政课程正面阐述国家认同、理论认同、制度认同，发挥思政课的核心引领作用。课程思政从侧面遥相呼应，注重对学生的价值引导，发挥课程思政的协同作用。

三、立足学科优势，挖掘思想政治教育元素

专业课课程建设体系与思政课课程建设体系在本质上均是以"学生成长成才"为核心意旨，以教师课堂教学为主要教育方式的课程体系。但由于学科差异的客观存在，二者在教学侧重点上也有着明显差异。专业课课程是以专业课教授为重点，主要培养学生的专业技能和操作能力，而思政课课程是以思政课讲授为重点，主要提升学生的思想道德修养和理论水平。在新时代，为促进学生更好地适应社会和服务社会，高校教育需在两种课程体系的基础上进行跨学科的协同教育，发挥不同学科的自身优势，挖掘学科中的思政元素，以提升协同发展的实际效果。

（一）科学挖掘思政元素是前提

挖掘思政元素是践行协同教育理念的核心内容，也是高校课程思政建设的基本思路。对于高校课程思政建设而言，科学、合理地挖掘思政元素是有效开展课程思政工作的首要前提。因此，如何立足学科特色，合理挖掘思政元素，将其与专业课知识进行嫁接，是高校课程思政建设的重点和难点。

科学合理地挖掘思政元素，要结合学生特点和专业特色。对思政元素的挖掘引用要与当代大学生的特点、习惯相吻合，充分利用社会热点事件、信息化手段，引发学生的好奇心，使他们有兴趣进行独立思考、自主钻研，帮助学生在获取专业知识的同时内化吸收爱国、敬业等价值观内容。合理提取课程中的思政元素，要依据课程所归属或服务的学科和专业，并从学生的职业方向和发展需求着手，突出思政元素的代表性和教育意义。因此，如何挖掘思政元素、能否挖掘出高质量的思政元素就决定了课程思政课堂的质量。

首先，杰出历史人物及其精神品质可作为思政元素。信息时代，各类资源非常丰富，为课程思政提供了丰富的资源。产业、行业发展中涌现的一些杰出人才和先进事迹与课程教学内容息息相关，可以成为非常好的育人素材，利用这些案例开展课程思政，教学内容也更容易被学生所接受。

其次，名人名言和经典的历史故事也可作为思政元素。许多名人名言和经典

的历史故事中蕴含了大量的思政内容，将此作为思政元素融入教学过程中，不仅能提高学生的文学素养，也更有利于学生接受教学内容。

最后，具有教育意义的时政热点也可作为思政元素。互联网时代，大学生热衷于网络事物，经常在网上查阅各种社会热点新闻，因此将社会热点新闻作为思政元素，不仅能帮助大学生明辨是非，还能激发学生的学习兴趣。

（二）分类梳理思政要素是重点

随着社会分工的发展，社会行业日益精细化，这就使得高校教育课程种类日益繁多。尽管不同学科、不同课程蕴含着丰富的思想政治教育元素，但要将这些思政元素科学地运用于教学之中，重点之一就是要对思政元素进行分类梳理，以防止张冠李戴、生搬硬套。

首先，高校要组织引导马克思主义学院等教学组织，针对不同院系专业的特点，对思政教育内容进行有针对性地梳理和规划，与对应院系共同建立有院系专业特色的思政内容提纲，使相关院系在专业课堂上教授的专业知识和思政内容能够从疏离到贴近再到融合，摆脱生搬硬套的局面。

其次，高校要加强课程思政元素的数据库建设，对不同学科、不同专业可能涉及的思政元素进行分类整理，以满足专业课教师和思政课教师的教学需求。数字化时代下的教育教学工作应充分利用现代媒体，实现信息共享和经验共享。

最后，高校要规范学科教材的选用流程，加快课程思政系列教材的整理编撰，制订完善学生德育培养计划。在实际教学中，专业课教师致力于专业知识的教学设计，而容易忽视对学生进行思政教育，其中最直接的原因就是缺乏配套教材和辅助性资料。专业课教师需要花费较多的时间收集思政元素以融入专业课教学，这无疑会消磨专业课教师开展课程思政的积极性和创造性。因此，高校之间可以进行协同合作，共同修订适用专业课教学的思政教材，为高校专业课教师开展课程思政、有效提取和利用思政元素提供必要帮助。

（三）隐性融入思政元素是关键

高校教师不仅要善于挖掘思政元素，更要用好各门课程思政元素。或者说，分类整理思政元素的目的是科学合理地挖掘思政元素，而科学合理地挖掘思政元素的目的是对思政元素的有效运用，以最终实现思政元素的教育价值。对于专业课教师而言，隐性融入思政元素是顺利开展课程思政工作的关键。要使思政元素自然地"嫁接"到专业课教学过程中，要注意以下几个方面。

首先，隐性融入思政元素要把握适度原则。专业课教师在设计专业课教学过程时要适量地添加思政元素，并在课堂教学中有意识地进行展示，引发学生思考和探究，不可本末倒置，将专业课教学完全变成思政课教学；专业课教师在教学设计中选择适当的时机引用思政元素，使其起到画龙点睛的效果；专业课教师要依据专业课的具体内容选择合适的、关联性较高的思政元素，使思政元素和专业知识和谐共存，同向同行。

其次，隐性融入思政元素要把握人性化原则。专业课知识尽管多是通过冷冰冰的机械仪器等教育载体加以呈现，但接受知识传授的学生却是有感情的个体。因此，对于专业课教师而言，在专业课教学设计中要通过思政元素的融入引发学生的情感共鸣和思想认同，使学生在学习知识技能的同时感受人性的光辉。

最后，隐性融入思政元素要把握个性化原则。具有独立意识的大学生在身心发展水平和思想政治水平上有着较大差异，对同一教学对象的思考和理解也不尽相同。这就意味着要在专业课教学中融入思政元素，必须注意不同阶段学生的个性差异，必须针对学生思想特征和社会思潮特征展开教学设计，尽力摒弃不合时宜或政治敏感以及方向错误的思政元素，使思政元素在同专业知识"自然转场"的过程中走进每一个学生的精神意识层面。

四、建立要素协同模式，把握"三个维度"

（一）加大思政课程的改革力度

高校推进课程思政的建设，实现各类课程与思政课程同向同行，协同育人，要彰显思政课程的主渠道地位，显示思政课程的专业性、创新力和时代感，夯实思政课程的实证力度。

发挥思政课程对大学生进行思想政治教育的显性教育功能。一方面，要提升思政课程作为理论课程的专业水准。第一，提高思政课程的专业性。将学生的思想政治状况与问题通过教育引导产生良好作用作为一个课题进行研究，以理论为基础，以问题为导向，以教育引导为中介，最终实现与学生的情感共鸣，提升思政课程的专业性。第二，加强思政课程的创新力度。教学过程中将理论与实际相结合，提升思政课程的吸引力，具体而言，将理论与革命先辈的光荣事迹相结合，将理论与时代内容相结合，党员教师发挥先锋模范作用，将红色经典、英雄事迹与思政内容结合，贯穿在思政课堂中，使学生感受到榜样的力量，不忘初心，牢记使命，砥砺前行，使思政课程更容易被学生所接受，使学生在潜移默化中受到思想政治教育。第三，思政课程要与时俱进，增强时代感。理论来源于生活，思政课程要贴近生活、贴近时代，关注学生在思想上的困惑与在时代变迁中遇到的实际问题，更新自己的教学方式，为思政课程的内容注入时代精神，同时对中国特色社会主义理论的新内容和新成果深入研究并精准解释，使思政课程与时俱进，增强思政课程的亲和力和针对性。另一方面，要在实践活动中进行思政课程的渗透。从思政课程中分出一部分课时用于实践活动，通过志愿者下乡、社会实践活动、调查研究等活动形式，引导和鼓励学生培养正确的价值判断和思维方式，让学生在活动中强化对社会主义核心价值观的认同，树立看待问题的正确方式，拓宽思政课程的教育广度，提高思政课程的教育水平。

（二）提高专业课程的思想高度

习近平总书记指出："做好高校思想政治工作，思想政治理论课要坚持在改进中加强，提升思想政治教育亲和力和针对性，其他各门课都要守好一段渠、种好责任田，使各类课程与思想政治理论课同向同行，形成协同效应。"实现专业课程与思政课程同向同行，协同育人，要着力提高专业课程的思想高度。具体而言，要从以下两个方面进行。

一方面，提高专业课教师的思想高度。在思想认识上，专业课教师要意识到自己在传授专业知识的同时，自身的言谈举止会对学生产生巨大的影响，因此，要正确理解知识传授与价值引领的关系，修身立德，亲身示范，积极承担育人责任，使授业与传道相结合，在"润物无声"中实现立德树人。在知识储备上，专业课教师要主动与思政课教师合作，在思政课教师的引领下，学习思政理论知识，便于挖掘专业课程中蕴含的思想政治教育资源。同时，可以通过开展教研会、集体备课会的形式加强思政课教师与专业课教师间的合作，分享育人资源，修订"课程思政"专业教材，探索对学生进行思想政治教育的方式。在教学实践中，专业课教师要关注国家方针政策与当前国际形势，巧妙地运用专业知识与自身的知识储备对学生关注的热点问题进行解答，解决学生的思想困惑，让学生在获取专业知识的同时得到思想上的启迪。

另一方面，学校为提高专业课程的思想高度提供硬件保障。教材的选取要坚持马克思主义的指导地位，树立正确的政治方向，实现正确的价值引领。在教学管理方面，通过制订教学纪律、教学评价和监督体系，把育人功能加入进去，作为提高专业课程思想高度的硬性规定。同时，学校可以举办一些宣传社会主义核心价值观的活动或者利用微信公众号、广播、网络、App 等媒体营造良好的德育氛围，引导广大教师不忘立德树人初心，牢记人才培养使命，将更多精力投入到教书育人工作上。

（三）明晰课程育人的向度

习近平总书记指出："新时代贯彻党的教育方针，要坚持马克思义指导地位，贯彻新时代中国特色社会主义思想，坚持社会主义办学方向，落实立德树人的根本任务，坚持教育为人民服务、为中国共产党治国理政服务、为巩固和发展中国特色社会主义制度服务、为改革开放和社会主义现代化建设服务，扎根中国大地办教育，同生产劳动和社会实践相结合，加快推进教有现代化、建设教育强国、办好人民满意的教育，努力培养担当民族复兴大任的时代新人，培养德智体美劳全面发展的社会主义建设者和接班人。"针对当前高校存在课程育人向度模糊的问题，应从以下两个方面者手解决。

一方面，教师要明确育人方向，推动立德树人的发展。在创新驱动发展战略的指导下，高校纷纷进行改革，积极投身于实施创新驱动发展战略，着重培养创新型、应用型、复合型人才，推动了我国一流大学和一流学科的建设。但同时也存在着只注重培养创新型人才而忽视了对学生进行思想政治教育的问题，"为谁培养人才"的问题没有得到重视和解决，这会对国家和社会的发展产生不利影响。因此，高校教师要明确课程育人方向，在重视培养创新型人才的同时注重对学生进行思想政治教育。教育引导学生树立坚定的共产主义伟大理想和中国特色社会主义理想信念，增强中国特色社会主义道路自信、理论自信、制度自信、文化自信。引导学生树立爱国主义意识，始终坚持拥护党的领导，培养奋斗精神、劳动精神，提升学生的品德修养。同时丰富学生的知识，扩大学生的见识，增强学生的体魄，培育学生的综合素质能力，为党和国家培育德智体美劳全面发展的社会主义现代化人才。

另一方面，要深化教育体制改革，落实立德树人机制保障。习近平总书记指出："要扭转不科学的教育评价导向，坚决克服唯分数、唯升学、唯文凭、唯论文、唯帽子的顽瘴痼疾，从根本上解决教育评价指挥棒问题。"因此，要深化教育体制改革，将教育评价导向调整到重视学生的德育情况上来，提升教育事业的发展活力。

第七章 高校思想政治教育与课程思政协同育人的实践探索

高校推动思想政治教育与课程思政协同育人建设，构建"大思政"育人体系，能够更有效地解决高校培养什么样的人、如何培养人、为谁培养人的根本问题。为此，正确认识高校思想政治教育与课程思政协同育人的可行性，探索协同育人的有效路径，对于培养担当民族复兴大任的时代新人，落实立德树人的根本任务，具有举足轻重的作用。本章分为高校思想政治教育与课程思政协同育人路径和高校思想政治教育与课程思政协同育人机制两部分。

第一节 高校思想政治教育与课程思政协同育人路径

一、遵循协同育人原则

对学生进行思想政治教育，不只是思政课程的任务，其他课程也要发挥自己的育人功能。实现高校思想政治教育与课程思政协同育人需要一定的原则作为指引，要坚持正确的政治方向，坚持理论与实践相结合，坚持与时俱进原则、系统性原则和差异性原则。

（一）坚持正确的政治方向

习近平总书记在全国教育大会上强调："我国是中国共产党领导的社会主义国家，这就决定了我们的教育必须把培养社会主义建设者和接班人作为根本任务，培养一代又一代拥护中国共产党领导和我国社会主义制度、立志为中国特色社会主义奋斗终身的有用人才。"我国高校肩负着为党育人、为国育才的使命，因此高校思想政治教育与课程思政协同育人必须坚定正确的政治方向和政治立场。高校作为意识形态工作的前沿阵地，肩负着重大责任，大学阶段又是学生价值观逐步从不成熟走向成熟、从不稳定走向稳定的关键时期，高校教师作为育人主体，在其中发挥着重要作用，而课程作为教师育人的中介，是高校开展思想政治教育的理想场所，因此要加强高校思想政治教育与课程思政协同育人建设。高校思政课教学的根本目标就是落实立德树人的根本任务，把大学生培养造就成为中国特色社会主义合格的建设者和可靠的接班人。高校思政课教学的具体教育从本质上讲，就是用马克思主义理论特别是马克思主义中国化的最新理论成果来武装学生头脑，培养他们坚定的政治立场和优秀的思想品质，可以说高校思政课是一门特殊的课程，思政课教学是一种全过程都在育人的积极性探索性工作。课程思政也是在传授专业知识的基础上，潜移默化地将马克思主义理论以及马克思主义理论的最新成果引入课堂和教材，加深学生的认识和理解，塑造学生的"三观"。因此，推动高校思想政治教育与课程思政协同育人建设首先就是要坚持正确的政治方向，坚定正确的政治立场，教师要确保自己坚持中国特色社会主义不动摇，坚定拥护中国共产党的领导，将社会主义核心价值观积极融入教学的各个方面、各个环节，充分挖掘课程里所蕴含的思想政治资源，引导学生形成正确的世界观、人生观、价值观。

（二）坚持理论与实践相结合

理论与实践相结合是马克思主义始终倡导和坚持的方法论，也是中国共产党一贯的优良作风，是中国共产党做好一切工作的重要经验及宝贵财富。推进高校思想政治教育与课程思政协同育人建设，必须坚持理论与实践相结合。理论教学和实践教学都是对大学生进行思想政治教育不可或缺的环节。理论教学是对大学生进行思想政治教育的主渠道，也是高校思想政治教育与课程思政协同育人建设的主渠道，首先要利用好课堂教学这个主渠道，增强理论教学的吸引力，让学生不排斥并愿意学习思想政治教育。课堂教学主要教育引导大学生自觉学习马克思主义及其中国化理论，特别要自觉用习近平新时代中国特色社会主义思想来武装头脑，高校要善于利用重大时间节点来开展思想政治教育。

马克思主义强调理论来源于实践，实践是理论学习的归宿，是检验理论学习的唯一途径，认为"凡是把理论引向神秘主义的神秘东西，都能在人的实践中以及对这种实践的理解中得到合理的解决"。实践作为检验真理的唯一标准，也是检验教学成果的重要方式，通过课程的实践教学，学生可以真正感悟到马克思主义的真理力量和强大魅力，感悟当代中国马克思主义的价值旨归，可以真正理解和体会到思想政治教育的重要性以及如何做才能成为社会主义事业的建设者和接班人，也只有通过实践，学校的党政部门和教师才能深刻理解和践行思想政治教育与课程思政协同育人的重要性及迫切性。所以，对大学生进行思想政治教育更要积极开展和融入实践教育，用鲜活的社会实践提升思想政治教育的实效性，教育引导大学生走进社会实践，更好地践行人生理想，积极投身到全面建设社会主义现代化国家的实践中。

因此，在探索高校思想政治教育与课程思政协同育人路径中要坚持理论与实践相结合的原则，引导大学生将课堂上学习到的理论知识运用到实践中，内化为自己的实际行动，实现理论与实践的统一。也只有这样，思想政治教育的实效性才能不断得到凸显，国家建设才能有源源不断的高素质人才和力量。

（三）坚持与时俱进原则

与时俱进是提升思想政治教育实效性的内在要求，也是高校思想政治教育与课程思政协同育人建设不可或缺的原则之一。"形成符合一定社会所要求的思想品德"是思想政治教育的根本目的。思想政治教育就是要培养社会所需要的新时代人才，这也是在新时代思想政治教育满足社会发展的内在要求。

一方面，在思想政治教育内容上要坚持与时俱进。党的理论创新成果会随着社会的发展进步而不断更新。思想政治教育就是要及时地把党的理论创新成果引入课堂教学之中，用马克思主义及马克思主义中国化的最新理论成果武装大学生的头脑。这就需要教师做到内容与时俱进，将党的最新理论成果融入思想政治教育工作之中，增强现实解释力，提振大学生的信心。

另一方面，在思想政治教育方法上要坚持与时俱进。中国特色社会主义进入新时代，高校大学生的生活方式、价值观念和思维方式都发生了改变，思想政治教育工作也需要随之变化，这就需要思想政治教育在方法上不断进行创新。随着信息技术的高速发展，可以善用网络，使其成为开展思想政治教育的有效载体，而不仅仅局限于传统的灌输型和说教型的教育方式。

思想政治教育工作者还要紧跟时代发展，掌握国际国内的最新动态，不断更新自己的教育观念，自觉将思想认识从过去不合时宜的做法、观念和体制中解放出来，使思想政治教育具有时代性、针对性和时效性。

（四）坚持科学性原则

习近平总书记指出，要在教学过程中进行多样化探索，通过多种方式实现教学目标。教学过程的科学体系是决定思想政治教育与课程思政融合成功与否的重要内容。

1. 突出全面性，构建基础教育思政课程教学体系

高校思想政治课是课程思政建设的"主阵地"。各个高校在开展教学研讨时要强调科学合理的教育教学体系，这里面讲的就是融合体系。例如，课程标准、教学目标、教学方法、考核考评等一系列内容都要形成科学合理的体系。教师应该努力将思政课打造成为课程思政科目，这些教育教学科学体系建设也应该形成较为完善的备案制度，供其他老师进行借鉴学习。

2. 强化开放性，打造专业教育课程思政教学体系

学科课程是课程思政建设的基本载体，是思政知识融入课程思政的主渠道。加强构建开放式的思想政治教育体系，需要在课程形式、内容和目标上寻求突破。此外，教师要对具有专业性思维的学生进行有计划地培养，突出每个学生的能力特点，使教育教学体系更专业，教学目标更清晰。在专业化培养的过程中还可以适当进行课程思政的专业化建设，努力挖掘学生关于课程思政能力建设的突出特点。再如，通过课程思政建设培养学生的政治敏感性，就是不断促进爱国、家国情怀，对历史虚无主义有一定的了解，能对历史事件和政治意识做出合理的判断。

3. 聚焦创新性，完善实践类课程思政教学体系

习近平总书记强调，要高度重视思政课的实践性，把思政小课堂同社会大课堂结合起来，在理论和实践的结合中，教育引导学生把人生抱负落实到脚踏实地的实际行动中来，把学习奋斗的具体目标同民族复兴的伟大目标结合起来，立鸿鹄志，做奋斗者。从实践中学习，从群众中学习，是培养和提高学生素质的必由

之路。坚持创新性实践教学，高校思想政治课需要开拓创新实践教学模式，展现更加注重知识运用、实践活动的课堂模式。例如，高校可以开展党史专题学习，学生每个月都去参加党史专题教育，并通过考试的方式来进行考核，这是一种创新型实践活动的有效载体。此外，通过网络微平台，开展各种主题思政课、专项思政课、竞赛思政课等，运用便捷实用的方式调动学生的求学思维。社会实践课要注重学生的学习与实践相结合的理论导向，考核方式也要多种多样，如写心得、写感悟、阅读收获交流等，这些非应试考核的方式有助于学生放松心情，全身心地投入课程思政的学习中，反过来还可以促进其他科目的学习。

在社会实践中，教师要把握好大方向，掌握好活动开展的进度，严格要求学生的学习行为和学习纪律，将课程思政的要素与校外的点滴进行融合，从而让回到课堂的学生更加留恋社会实践的课程思政。总之，要想真正形成二者的融合，社会实践服务是不可或缺的，实践可以检验真理，同样实践也可以不断提升人们的认识。创新型实践是高校政治课的一大主题，广大教师要努力强化关于创新型的课程研究，不断提高校外实践课的质量和二者融合的高度，从而优化课堂的教学质量。

（五）坚持系统性原则

高校思想政治教育与课程思政协同育人是一个复杂的育人系统，思想政治教育与课程思政二者相互联系、相互作用，共同促进高校思想政治工作的发展，任何一方偏离轨道，都会使另一方的教学效果减弱，从而影响整个育人体系。开展高校思想政治教育与课程思政协同育人，必须坚持系统性原则，将思想政治教育与课程思政与当成一个整体，寻找二者之间的联系，建立协同育人系统的运行机制，最大限度地发挥系统内各个子系统的优势，推动协同育人更好更快发展。

（六）坚持差异性原则

在高校思想政治教育与课程思政协同育人中，不同学科、不同专业、不同学生个体各有特点，在教学中要坚持差异性原则。教师根据学生专业的不同特点和认知水平的差异等，合理设计教学目标、教学内容、教学方法、评价方式等，最大程度地激发学生的学习兴趣，调动学生的学习积极性，促进学生的全面发展。针对不同的学科和专业，教师在教学中选取不同的教学案例，如理工科学生和人文社科学生在对时事的关注领域和思维方面有所差异，在教学过程中选取学生感兴趣以及易于接受的案例来引导学生思考，对于不同专业的学生，要选取与专业相关或相近的案例，在课程中加强育人效果。此外，面对不同的学生，需要采用不同的教学方法，给予每个学生展现自己的平台，使学生能够深入思考教师提出的问题，从而更好地完成教学目标。在高校思想政治教育与课程思政协同育人系统中，要始终坚持差异性原则，坚持以学生为中心，围绕共同的育人目标开展教学活动。

二、整合协同育人内容

（一）坚持"思政课程"为轴心、"课程思政"为补充的原则

从根本上来说，"思政课程"和"课程思政"都具有立德树人的功能和作用，无论是"思政课程"教学内容中的思想政治理论知识，还是其他课程教学内容中包含的思想政治教育元素，都是思想政治教育内容体系的重要组成部分。但是，二者所涵盖的"思政"内容又存在一定的差异，"思政课程"中的"思政"内容主要着眼于思想政治理论的系统学习，主要教学目标是对学生进行系统化的思想政治理论知识教育；而"课程思政"的"思政"主要是关于思想价值的引领，研究的是在各类各门课程中如何增强学生的政治意识和加强学生的思想价值引领这个问题。因此，"课程思政"既不等同于"思政课程"更不能直接取代"思政课程"，在促进其协同育人时，应避免出现专业课"思政化"和思政课"通识化"这两种错误的教育倾向。坚持"思政课程"为轴心、"课程思政"为补充的原则，准确把握二者在育人内容上的契合点。

坚持以"思政课程"为轴心，就是要求授课内容始终坚持以马克思主义为指导思想，弘扬社会主义核心价值观，彰显鲜明的政治属性，帮助"课程思政"校准政治方向，把准价值航标。但是，"思政课程"在育人方面存在边界，需要"课程思政"的有效补充。"课程思政"以其"润物无声"的育人优势将思想政治教育内容与其他课程理论知识有机结合起来，不仅能在自然科学课中提炼人文精神，还能在人文科学课中提炼科学精神。以此，使大学生既能对自然科学规律进行感性认知和实践体验，又能充分把握社会历史发展规律的现实性和复杂性，在纷繁

复杂的社会思潮面前能够独立思考，同时提升"思政课程"的认同度，巩固马克思主义理论的指导地位。

（二）保证"思政课程"与"课程思政"共享信息与资源

在当今共享经济时代，各行业之间共享信息资源已经成为一种重要的发展趋势。"思政课程"和"课程思政"之间也应建立一个能够共享的思政资源素材库，共同为道德建设服务。在课程思政的实施中，要对各类课程进行深挖，力争提炼出最有价值的育人资源，使知识与文化素养教育、理论与价值观教育等有机融合在一起，指向人的德智体美劳全面发展。

"思政课程"与"课程思政"资源共享主要体现在：一是课程建设理念共享。每门课程都有自己独特的学科特征和建设理念。"思政课程"的内容较为抽象，主要是培养受教育者形成正确的思想价值观念，那么如何将抽象的理论具体化？这需要吸收借鉴理工类学科以问题为导向的思维方式以及科学的研究方法，以此使"思政课程"更加具有亲和力和创造性。同时，"思政课程"也要向理工类学科传递一种"成才先成人"的教学理念，使理工类学科在进行科研创新和人才培育时更有灵魂和信仰。二是课程管理数据共享。这里提到的课程管理数据指的是与每个学生的学习状态密切相关的数据资料，包括每个学生的学习习惯、学习成绩和效果的检验和评价。共享课程管理数据资料有助于掌握学生在所有课堂上的学习情况，能够更有效更全面地帮助学生解决思想阻碍问题。三是课程优秀案例共享。思政课教师可以帮助其他课程教师在教学案例中嵌入合理的思想教育和价值引导因素，而其他课程中的典型案例也可以在"思政课程"中发挥作用，这种方式不仅深化了这些案例的内涵和价值，也拉近了课程之间的距离，产生良好的协同效应。

（三）将课程实际和学生需求灵活融合，实现内容的科学性

习近平总书记指出，从根本上来说，思想政治工作就是做人的工作，其顺利开展必须围绕学生、关照学生和服务学生，而思想政治理论课要坚持在改进中加强，不断提升思想政治教育的亲和力和针对性，满足广大学生成长发展的需求和期待。从习近平总书记的讲话中可以清楚地看到，"思政课程"和"课程思政"的建设和发展要始终坚持"以学生为中心"，根据不同学生的需求差异、专业特

征设计有针对性的教育内容，从根本上提升育人效果。

在育人内容的选取上，要紧紧围绕学科发展规律和学生成长规律，合理设计"课程思政"的思想政治教育内容，使其与"思政课程"形成良性分工与协作。一方面，要认识到不同的专业课对思想政治教育的支撑作用、与思想政治教育目标的关联度等都是不一样的。首先，不同的专业课对思想政治教育的支撑作用是不一样的，如"大学英语"课程可以帮助学生开拓国际视野，增强文化自信；而"光电测试技术"课程可以培养学生的工程伦理、工匠精神和社会责任等。其次，不同的专业课与思想政治教育目标的关联度也是不一样的，如"古代汉语"课程与思想政治教育目标中的"爱国、爱民族文化"直接相关，而"包装材料学"课程与思想政治教育目标的直接相关度看起来就较弱。因此，专业课要根据文理学科属性转换教学内容，各学科应从自身特有的理论结构、实践方法和思维风格出发，有针对性地打造一批独具特色的品牌课程，并在经验成熟的基础上加以推广。另一方面，要注重将育人内容与学生所学专业相结合，注意考虑到不同的专业课程蕴含有不同的思想政治教育元素，需要采用不同的学科结合形式，激发学生的学习兴趣；课程内容的开发和设计应根据学生求知的需要，适应学生成长的规律，基于人才培养目标和学科优势，注重术道结合。

三、树立协同育人理念

理念是行为的先导，高校思想政治教育与课程思政要实现教育合力，就必须要融通思想政治教育，树立协同育人的理念。

（一）国家政策引领

在国家层面，要坚持总体设计、试点先行、以点带面、逐步推开的原则，绝不能搞"大水漫灌""一刀切"。

首先，国家要明确思想政治教育与课程思政协同育人的目标，通过合理目标的设置，实现两种教育方式的动态平衡。育人内容要有机整合、教育资源要合理配置、教育方式要动态转化、教学效果要阶段规制，总之，就是要在目标导向下实现育人效果的最大化。

其次，教育部要出台相关政策文件，大力提倡思想政治教育与课程思政协同育人理念，厘清二者在协同育人过程中的定位问题。一是要成立协同育人领导班子，确立协同育人的总体部署方案，为高校教育工作的开展提供基本思路；二是要组建高校课程思政专家小组，梳理总结各地各高校协同育人的典型案例，探索总结协同育人的内在规律和可行性做法；三是要建立协同育人的巡回检查组，各地教育部门要强化对本地高校的领导督察，结合地方实际制定具体教学方案。

最后，国家要加大专项教育资金的精准投入，在部分地区开展协同育人试点工作，扶持发展一批在协同育人方面具有示范性、领头作用的重点高校，在全国范围内积极地遴选出一批具有标杆性的优秀课程，供其他高校在开展相关工作时借鉴学习。

（二）学校组织规划

在学校层面，德育始终在德、智、体、美、劳的高校课程体系中居于核心地位，始终是影响高校学生成长成才的重要方面。但思政工作是一项灵魂建设工程，需要充分利用学校教育资源才能有效推进，只依靠思政课和思政课教师的传统观念已经不合时宜。对于高校思想政治工作而言，要提高思想政治教育的有效性，需要调动专业课教师、辅导员等教育人员的积极性，需要促进教学科研等各个环节的集中发力，需要将思政教育贯穿于整个教学过程和课程体系之中。具体而言，要在新时代提高高校思想政治教育与课程思政协同育人的效果，需要从以下三个方面进行联合发力。

首先，高校要树立全面、立体、创新、合理的思政育人理念，提高对思政课的重视程度，明确教学育人的总体责任。高校要明确工作责任，构建自上而下、层层把控、相互配合、集中发力的课程思政建设工作格局，通过学校领导的牵头组织和各科教师的协调互动，形成相互贯通、相互作用、相互支撑的良好局面，营造出浓郁的课程思政建设氛围。

其次，高校要结合国家要求和本校特色制定人才培养方案，在实现思政课的政治目标的同时实现专业课的技能目标，促进高校学生在掌握扎实的专业本领的同时养成过硬的政治品格。

最后，高校要积极探索行之有效的教学方式和手段，瞄准学生的发展特征和兴趣点，打造学生喜爱的高校精品课程，强化思想政治教育的功能。

（三）教师执行落实

在教师层面，教师承担着塑造学生灵魂的重任和职责。在思潮涌动的互联网时代，人对人的影响再无地域和时间的限制，人们的思想也越来越多元化。高校学生极易受到正确思潮的积极影响，同样也极易受到错误思潮的腐蚀毒害。在这样的情况下，高校教师就必须承担起育人以德的职责，在做好知识传授的本职工作的同时，更需要把思想教育放在关键位置，实现知识传授与价值引领的有机结合。协同育人的教育理念不仅应为思政课教师所具备，也应为专业课教师所具备。思政课教师与专业课教师在实际的教学工作中，都承担着教书育人的职责，不能搞两种思路、两套模式，造成教育上的空白区域，使学生在教育中出现"偏科"现象，两者应树立协同育人的理念，在教学科研方面加强沟通、联系合作，但不能把"思政课程"与"课程思政"混为一谈，不能把"思政课程"建成"课程思政"，同样也不能把"课程思政"建成"思政课程"，要在相互合作中把学生培养成优秀的社会主义接班人，为祖国未来的发展出谋划策，贡献力量。

四、创新协同育人方法

（一）注重理论和实践相结合

我国明代著名思想家王阳明提出"知之真切笃实处即是行，行之明觉精察处即是知"，即一个人对事物理解的是否准确可以从他的行为中看出来，而行为是否正确也会反过来影响一个人对事物的理解，这鲜明地概括出了"知"与"行"二者之间相辅相成的关系。马克思主义的实践观认为理论和实践是辩证统一，不可分割的。如果只讲理论不讲实践或者少讲实践，其理论就会具有空想性；反过来，如果只讲实践不讲理论或者少讲理论，其实践则就会具有盲目性。

为了促进思想政治教育与课程思政在人才培养上形成良好的协同效应，既要重视理论研究教学，又不能忽略实践体验教学。一方面，加强理论研究教学。要多编写关于思想政治理论课教学改革和社会热点问题剖析的相关学术著作，多出版解读领导人重要讲话及精神的通俗文本。要开展马克思主义理论学科与其他学科的交叉研究，创造性地提出一些具有自己学科特色并且能够产生深刻影响的理论成果，定期向思政课教师提供相关的教学参考资料，同时思政课教师能够主动将这些哲学社会科学的研究成果应用于日常教学之中，以此为思想政治理论课打下坚实的学科支撑。其他各类专业课程应努力探索自身所蕴含的马克思主义理论教育资源，积极探索其中的理论和实践契合点。另一方面，通过实践体验教学来培养和提升学生的综合素质。在丰富多彩的实际教学活动中，把培养业务技能与锤炼思想道德品格统一起来。通过组织社团活动、勤工助学活动、专业实习以及针对大学生开展的就业创业教育活动，进一步提高大学生自我教育、自我管理、自我服务的意识和能力；通过开展社会调研、参观教育培训基地等各类活动，不断提高大学生的创新创造意识、思想道德水平和实践操作能力。

（二）注重显性和隐性相结合

习近平总书记提出，要"坚持显性教育和隐性教育相统一"，这对高校办好"思政课程"并拓展到"课程思政"提出了新的更高的要求。思想政治教育思政课程和课程思政虽然在人才培养上具有共同的目标指向，但是二者所侧重运用的教学方法有所不同。

一般来说，思想政治教育是我国高校大学生综合素质教育的主要途径，每门课程都应该具有其自身的教学目标、教学内容和教学模式，呈现出直观的教育效果。而课程思政是指除了思想政治理论课之外，其他各类课程也都要发挥育人功能的新理念，这种新型育人理念主张通过隐性渗透的方式，间接性地、耳濡目染式地实现育人目的。显性教育是高校思想政治教育的主要渠道，但不意味着可以轻视隐性教育的重要作用。思想政治教育既要以显性为主导，又要着力于提升其隐性教育的作用，增强趣味性和实效性；而课程思政既要利用好其隐性教育的独特优势，强化价值引领，同时也要积极挖掘其他课程和教育方式中所蕴藏的思想政治教育资源，提升其理论性和思想性。总之，坚持显性教育和隐性教育的统一，是完善课程制度、解决好协同问题、拓宽育人方式的重要原则。

（三）注重育德和育才相结合

习近平总书记在培养人才方面特别注重"德才兼备，以德为先"，强调人才的政德，关心人才坚持什么、反对什么、为谁服务，指出人才要有坚定的政治立场，有爱国的情怀，有崇高的理想，全心全意为社会大众服务，积极践行社会主义核心价值观，体现出良好的道德素质，特别是优良的政治素养。若一个人心无大德、践无公德、不守私德，则是一个利己主义者，其才能越大，对国家、对社会、对人民的损害也就越大。因此，所有课程都应发挥既育德又育才的功能，为我国社会主义事业发展培养德才兼备的建设者和接班人。

推动高校育人模式创新，一方面，对思想政治教育来讲，提升其教学的实效性需要通过阅读马克思主义的经典书籍来培养学生的道德品质，需要结合我们党已有的中国特色社会主义实践成果来鼓舞学生坚定马克思主义信念。思想政治教育教学工作，不单单是对知识的传授和对理论的宣讲，更重要的是能够让受教育者切实感受到马克思主义理论的诠释力、指导力和魅力所在。知识，尤其是马克思主义理论知识是培养思想政治教育所要求的道德品质的基础，无论是教育者还是受教育者都应该主动学原著、悟原理，为道德教育的开展找到坚实的理论支撑。另一方面，对课程思政来说，它是借助学生对专业知识的渴求，进而塑造其道德信仰，实现价值观的引导。学生成长成才的第一步是要具备的良好品德，认识到将来要在家庭、社会中承担起责任，并积极思考自己在未来的民族振兴和国家建设中所扮演的角色。价值观的获得需要有意识地融入到不同的知识学习场合，需要将价值引领巧妙地融合在高校的各类课堂教学之中，让学生去"捕捉"、去塑造，然后同其他知识和专业技能一道建构起自身的知识体系。

五、推进教师队伍建设

（一）转变教师的认知观念

高校思想政治教育与课程思政协同育人强调所有教师都负有育人责任，因此所有教师都必须强化协同育人理念，牢固树立育人意识，体现育人职责，改变重知识传授、轻价值引领的现象。

当前依然有部分专业课教师认为思想政治教育与自己无关，与自己教授的课程无关，认为思想政治教育仅仅是思想政治理论课教师的任务。首先要消除这些教师对于思想政治教育与课程思政协同育人的误解，必须使其明确高校思想政治教育与课程思政之间的关系，明晰思想政治教育与专业课程之间的关系。教书育人是所有教师的首要职责，帮助专业课教师将教书与育人结合起来，通过多种方式引导专业课教师认识课程思政对于专业课知识、能力与情感态度价值观的作用，使他们加深对课程思政协同育人的认知和理解，了解课程思政协同育人的重要性以及迫切性。让专业课教师认识到在课堂上融入思想政治教育元素，非但不会影响专业课的教学效果，还会使课程具有思想性、富含人文性，成为受学生欢迎的课程，提升专业课的教学效果。

其次，专业课教师要认识到思想政治教育对于学生成长成才的重要性。随着社会的发展，对大学生的专业知识、思想道德提出了更高要求。当前处在信息技术高速发展的时代，大学生接受新鲜事物和信息的能力很快，容易受到不良信息和负面思想的影响，对学生的成长成才以及正确价值观的塑造都造成了威胁。面对种种问题和挑战，专业课教师要认识到仅仅依靠思政课教师的力量是难以抵挡的，对大学生进行思想政治教育，帮助学生树立正确的价值观，促进学生的健康成长，与思想政治理论课协同育人也是专业课教师义不容辞的责任。

最后，思政课教师也要深刻认识到自己所肩负的责任与使命。大部分本科学校都是在大一、大二开设思政课程，思政课教师直接参与学生思想政治教育的时间大约是两年，只占大学生在校时间的一半，但这并不表明思政课教师的任务在大二结束时就已经完成，立德树人的任务应贯穿整个大学阶段。再加上思政课教师受到自己专业的限制，往往局限于理论性教学，缺乏专业的针对性。因此，思政课教师在进行理论教学的同时，可以结合自己所教学生的专业特点与专业课教师共同备课，从学生的专业兴趣点切入，提升思政课的教学效果。在没有直接参与思想政治教育教学的过程中，积极与专业课教师进行沟通，共同学习党中央的最新政策文件，有效避免学生在长期的学习过程中因为思政课教育周期的局限而使思政课的教学成果淡化，真正做到思想政治教育与课程思政的协同育人。

（二）加强教师的政治素质

思想政治教师政治要强，思维要新，视野要广，自律要严，人格要正。其中，政治要强关键在于具有坚定的政治信仰和立场、较高的政治觉悟和洞察力，这是思想政治教师必须具备的基本素质，只有这样才能完成思想教育的任务。这就要求高校思想政治教师不能安于现状，必须在理论学习中不断提高自己的政治觉悟和政治思想素质，用自己的政治品格形成对教育对象的吸引力和感染力，更好地实现思想政治教育工作的目标。一方面，思想政治教师要始终将马克思主义信仰作为毕生的精神追求和奋斗目标；另一方面，思想政治教师应在实践中磨砺自己的意志。马克思主义是一个科学的理论体系，不仅对人的思想具有重要的引领作用，还能够指导人们的实践活动。思想政治教师必须要认识到马克思主义信仰并不是与生俱来的，是在实践和教育中逐渐形成的，是在理论学习中逐渐孕育出来的。思想政治教师在生活中要不断学习党的政策、理论，坚定政治信仰，在教育中要以马克思主义的立场、观点和方法指导学生树立科学的理想信念，坚定马克思主义信仰。

（三）加强教师的道德素质

教师的道德修养深刻影响学生的三观。不管是课程思政，还是思政课程的建设，目的都是培育社会主义建设者和接班人，在此过程中，教师的道德素质至关重要。必须全面提升教师师德修养，加强师德师风建设。

一是要加强组织领导。师德师风建设事关学校教育事业改革发展稳定大局。学校党委领导要发挥"领头雁"作用，提高政治站位，深入学校内部排查问题，制订符合学校实际的师德师风方案，并且学校的领导班子要和其他各学院各支部做好联系，确保工作的稳步推进。各支部书记要认真履职尽责，抓好各支部自身工作。

二是要开展师德师风专题学习。学校要积极开展师德师风的专题教育，将师德师风的系列文件通过集中授课、专题报告、讲座等形式传递给教师，另外结合建党百年这个时间契机，将党史学习教育与师德师风专题教育相融合，组织主题党日、"三会一课"等，丰富学习形式，使师德师风教育入脑入心。

三是要广泛宣传学习师德优秀典型。首先，各学校要深入挖掘并广泛宣传自己学校的优秀典型，通过事迹宣传、公众号推送、学校官网开设教师节专栏等形式，营造榜样在身边的良好氛围。其次，学校要做好教师表彰工作，如在教师节表彰优秀教师、先进个人等，用精神和物质等方法激励广大教师争做"四有"好老师。还可以组织教师观看《黄大年》等优秀影视剧，以榜样的力量感召广大教师。

四是要开展师德警示教育。组织教师签订师德师风承诺书、通过研究师德失范案例等，引导广大教师以案为鉴。另外，将师德师风考核与绩效挂钩，在奖励、评职称等方面实行师德一票否决制，树立底线思维。

（四）加强教师的专业素质

高校思想政治教育与课程思政协同育人的建设最终还是要回归课堂，因此教师的专业素质和能力尤为重要，必须不断加强教师的教学能力。首先，在教师选拔过程中要严格考核教师的专业能力，提高教师的准入制度，确保他们有能力开展教学活动。其次，在教师任职之后，要注重对全体教师进行日常培训，特别是要加强在专业课教学中融入思想政治教育能力的培训，提升教师"传道授业"的能力。再次，可以增加新老教师之间的经验交流，在为新老师传授经验的同时也可以给老教师注入新鲜活力，提供新的教学灵感。最后，高校要定期评估和考核教师的专业能力，如通过开展教师技能大赛、教师技能大练兵等活动来激励教师不断提升自己的教学能力，促使教师在自己的领域内不断加深研究，不断打磨自己的教学技能。

对于思想政治理论课教师而言，首先要系统学习马克思主义经典著作，增知识、悟原理，增强自己的马克思主义理论基础。习近平总书记也多次强调马克思主义理论是做好一切工作的看家本领，思政课教师要提升运用马克思主义的立场、观点、方法来分析和解决问题的能力，能够用中国话语讲好中国故事，诠释好中国方案、中国智慧和中国经验，使大学生坚定"四个自信"，自觉做到"两个维护"。其次要吃透教材，全面把握教材的知识框架和理论逻辑，不断优化教学内容，及时将党的新理念、新思想和文件精神等引入课堂，体现思政课的时代性和教学内容的吸引力。最后要提高理论知识贴近学生实际生活的能力。要及时回应学生在学习、生活、社会实践乃至影视剧作品、社会舆论热议中所遇到的真实困惑。解答学生在学习、生活等成长过程中遇到的思想困惑，遵循学生的成长认知规律，"讲理"与"讲情"相结合，增强学生思想政治理论课获得感。

对于专业课教师而言，首先要加强自己的政治素养，只有自己对马克思主义有较深的认同感，才能在课堂上融入思想政治教育元素，讲好思想政治教育课程。其次要和思政课教师加强交流，教师之间互相听课，共同备课，发挥思政课教师的优势，结合专业课教师的专业特点，弥补专业课教师在思想政治教育方面存在的不足，共同探讨和设计出一门精彩的蕴含思想政治教育资源的专业课程。最后，专业课教师还要精心研究教材内容，对教学案例进行拓展，深入挖掘专业课程中所蕴含的思想政治教育资源。专业课教师之间也要经常开展交流，既可以加深专业知识的认知，又能丰富课程思政的教学内容。

（五）提高教师的职业素质

职业道德素养是构成教师综合素质的重要方面。教师的职业素养是思想政治教育队伍综合素质的重要构成部分，只有提高从业人员的职业素养，才能提高思想政治教育队伍的整体水平，打造出政治过关、理论扎实、爱岗敬业的思想政治教育工作队伍。

（六）增强教师的文化自信

文化自信是高校教师传授知识、教育学生的精神底蕴，同时也是各大高校开展课程思政建设，提高教师价值体现的关键，文化自信是一个民族能够屹立于世界民族之巅的关键，是对自身文化、价值、意义的肯定与积极践行。

提高文化自信，应当要求教师：第一，深入学习理解"四个自信"，"四个自信"中文化自信是重要的组成部分，可以在很大程度上促进对其他三个自信的理解。第二，教师要对我国的传统优秀文化进行系统、科学、严谨的学习，吃透其精髓，才能输出更好的观点。中华优秀传统文化、革命文化和各先进文化是中国民族精神的体现，是在漫漫历史中闪闪发光的特色。第三，要深入理解文化自信对于专业课教师的重要性，发挥高校思政教师良好的文化教育基础。

（七）加强教师队伍的交流合作

推动协同育人的走深做实，必须充分调动所有教师的育人积极性，打破"孤军奋战"的状态，汇聚育人合力。为此，高校应在教育改革的实践中推动思政课教师同专业课和通识课教师的交流合作，构建全员育人的格局。

搭建合作交流平台，推动教师合作交流常态化。思政课教师与通识课和专业课的交流合作是一个双向互动的过程。对于思政课教师而言，可以通过与其他课程教师的交流和合作，增加对其他学科和专业的了解，以便在思政课授课中能够融入更多的专业元素，提高思政课的吸引力；对于专业课和通识课教师而言，与思政课教师的交流和合作对于其学习思想政治教育方法、准确把握课程中所蕴含的思政元素、提高思想政治教育能力具有极大的促进作用。高校应建立动态化、多样化的合作交流平台，通过多种形式促进教师间的交流与合作；成立"协同育人工作室"，为教师提供相互学习交流的空间和平台；举办沙龙活动，教师可以围绕教育教学的相关内容展开讨论，发散思维，总结育人方法和思路；建立和完善思政课教师和其他教师的集体备课制度，通过集体备课，使教师在育人目标、育人内容、育人形式等方面形成共识，在各自的课程教学之中卓有成效地展开教学。

六、深化协同育人举措

中国特色社会主义进入新时代，在教育方面要求每一位教育者要承担起"办人民满意的教育"的职责和使命。随着信息时代的到来，传统思政课程在教育教学中出现了"不适应"的新问题。面对新的问题就需要对症下药。

在课程思政建设中要利用现代信息技术手段，为教师交流平台的搭建提供支持，推进各类课程协同育人工作的开展。

习近平总书记在全国高校思想政治会议上强调："要运用新媒体技术使工作活起来，推动思想政治工作传统优势同信息技术高度融合，增强时代感和吸引力。"育人工作不能仅仅局限在课堂之中，利用课堂外这个育人平台同样重要。

首先，建立融合高校内各类课程交流互动平台，实现思政资源共享。在这个平台中，既有马克思主义经典理论文献、习近平总书记系列重要讲话读本等思政课程资源，也有各专业领域的思政资源，如各个专业领域的先进模范人物的事迹，大学生可以登录平台浏览自己所感兴趣的专栏。无论是哲学社会科学还是自然科学学科都离不开坚实的理论，无论在哪个领域，理论都是基础，只有对理论保持头脑清醒，才能在其他方面保持定力。

其次，利用新媒体技术和大学生喜欢浏览微博、短视频以及公众号等新媒体的特点。这种新媒体技术可以实现实时的交流互动，在发表自己观点的同时也能了解别人的观点，同时也能够实时推送当下社会新闻热点内容，这种高效、快捷的方式深受大学生的喜爱。这使大学生不但能了解当下最新的新闻事件，也能够了解人们的观点，并且无需特意学习某一内容，而是通过浏览热点内容就能了解人们对事件的观点与态度，从而使大学生在无形中接受隐性思想政治教育。

最后，在现有的平台中，"学习强国"和"青年大学习"都是当下学习主流价值观念的重要渠道，同时也是了解新思想的重要平台，其中所蕴含的信息能够满足当下学生的价值需求与求知需求，因此，要不断丰富现有平台中的内容，通过增设学习专栏等形式，提升育人效果，从而在大学生价值观的养成方面更好地发挥积极作用。

在建设社会主义教育强国目标的指引下，不能只靠思政课程，也不能只靠专业课程，而是需要各类课程的联动，以信息技术为手段，增加线上课程与线下课程的联动，不断推进"思政课程＋互联网"模式建设，助力立德树人工作的开展。

七、加强协同育人顶层设计

（一）加强党对高校的统一领导

推进高校思想政治教育与课程思政协同育人建设，离不开高校党委的统一领导。首先，各高校党委要深刻认识到做好思想政治教育与课程思政协同育人的重要性，加强顶层设计。高校党委必须站在坚守意识形态阵地和保障党的事业薪火相传的战略高度，把协同育人建设作为一项重要的政治任务和战略工程，强化主体责任，建设一批精品课程，时刻牢记立德树人。其次，高校党委要建立党委统一领导、各职能部门协同配合、马克思主义学院直接负责、其他各二级学院积极参与的组织管理机制，并且落实主体责任。思想政治教育与课程思政协同育人的建设是一项系统性工程，需要高校所有部门、所有人员、所有环节都参与其中。要落实学校党委的主体责任，成立以学校党委书记为组长的思想政治教育与课程思政协同育人工作小组，其他分管教学工作和思想政治教育工作的校领导参与其中，总体统筹学校协同育人工作。学校其他各职能部门协同配合，为协同育人工作的推进提供保障。学校教务处、人事处、学生处、宣传部、组织部、科研处、后勤服务集团等所有职能部门都要各司其职，自觉践行立德树人的根本任务，在日常的工作中积极发挥育人职责，并且学校要加大研究力度，以充足的经费支持和项目支撑鼓励教师在协同育人的建设上投入更多的时间和精力。此外，还要加强马克思主义学院的建设，马克思主义学院作为开展思想政治工作的主阵地，为思想政治教育与课程思政协同育人提供坚实的人才保障、学术保障和有效指导。其他各二级学院要积极参与其中，各学院是落实思想政治教育与课程思政协同育人的直接单位，结合自己本专业的特点和优势，打造精品课程，充分发挥学院教师的参与性、积极性和创造性，切实增强专业课教师的使命感和责任感。再次，各高校可以由党委领导，设立思想政治教育与课程思政协同育人工作专项咨询委员会，对学校的协同育人具体工作进行科学的规划、设计和指导，及时对本校的协同育人方案进行完善和优化，为工作的顺利开展提供综合性保障。最后，可以设立协同育人教学改革办公室，负责各项工作的具体落实，统筹指导、咨询、监督、评价工作。

（二）注重挖掘学科的内在联系

高校在协同育人方面的共同核心观点是"思想政治"。无论是思想政治教育还是课程思政，在实施过程中，思想政治教育功能的发挥是重点。好的思想政治教育功能是课程思政教学和思政课程教学的灵魂和方向，有助于理论知识的传授、能力的培育与价值观的引领。在现实教学中，价值引领的任务归结于思政课程，知识传授与能力培养的任务归结为课程思政，二者的任务是分开的，以致于思政课程和课程思政是"两张皮"，不利于思政课程与课程思政的同一方向、相互协同的形成。高校思政课程与课程思政是相对独立又相互联系的共同体。要改变以往思想政治教育与学科专业发展的"跛脚"现象，使高校育人整体发展"跑起来"，必须将二者融合发展，注重思政课程与课程思政学科的内在联系，构建"你中有我，我中有你"的和谐发展模式，不断深入挖掘二者的共通性，特别注意把思想政治方面纳入各专业科学发展的各个方面，以实现协同教育的总目标。

在高校教育体系中，立德树人的根本任务是所有学科凝心聚力的重要依据，实现为社会主义现代化强国培养时代新人，以奋力实现高校协同育人目标为动力，通过多种方式深刻挖掘学科内在联系。

在理论意义上，在明确高校思想政治教育与课程思政一脉相承的基础上，深化二者立德树人的本质意义，深度挖掘课程思政学科中蕴藏的思政元素，强化渗透和内化作用，通过专业素养与价值衍生相结合，培养学生的理想信念。在理论意义的构建维度，实现思想政治教育与课程思政协同育人目标，提升教育理论的实效性，探索二者的价值关联性。

在学科内容上，建立优化这两类课程内容体系的补充机制。课程思政在设计学科内容时，要坚持专业性原则，挖掘有利于提升学生综合素养的思想政治教育元素，有效促进思政课程内容与课程思政内容的契合与链接；思政课程在设计学科内容时，在遵循思想政治教育规律的前提下，结合各学科特点，融合专业特色，"润物细无声"地渗透于思政教学中，增加学生对于专业属性的亲和力，从而促进学生获得知识、形成正确的核心素养、树立正确的三观。

在学科教学方式上，坚持各专业课守好德育的各自领域，挑好智育与德育的担子，同时思政课程也要在发展中改革创新，在把握课堂教学主渠道的同时应用多元化教学方式，线上线下相结合、社会实践相呼应、多元主体相联动等，不断完善课程设计，结合各学科特色探索协同育人的科学方式，使高校特色、学生特点和教师特性相匹配，实现学科教学方式的有效契合，从而发挥协同育人的作用。

在实践意义上，实践的直接现实性是检验协同育人实效的重要标准，将协同育人成效通过实践成果表达出来是最掷地有声的，将课程思政落实过程中构建的实践途径与思政课程深入人心的方式相结合，共同培养高校学生实践性质的政治素养，以实践成果激发学生学习的热情和探索欲望，实现高校思想政治教育与课程思政实践育人同向同行，培养新时代懂理论、善思考、敢行动的综合型人才，促进高校学生个人梦想与国家梦想相结合。

注重挖掘学科内在联系，全方位激发思政课程与课程思政的内在联动性，要想实现真正的协同育人，构建二者内在因素的深度联系，是实现协同育人目标的重要前提。

（三）提升教育资源的有效供给

正确认识与明确思想政治教育与课程思政的关系，需注重两者之间的协同育人路径，这就决定了高校建设、开发和供给资源是基础问题。无论是思政课程还是课程思政的教育，传统的教育样貌慢慢弱化，日益走向多元化。教育资源的有效供给不仅影响教育质量的提升，还影响思想政治教育与课程思政协同育人目标的实现。高校思想政治教育与课程思政协同育人教育资源的不断积累与扩展是协同育人实效性提升的重要土壤，主要分为人力资源、教学资源、课程资源。具体重在把握教育人才队伍与高校优质生源、课程内在资源与其他外在资源、资金保障资源与管理制度资源。在人力资源上，高校思想政治教育与课程思政协同育人，始终以"人"为中心，构建什么样的人才队伍，培养什么样的优秀人才，是一个"人人互动"的过程。高校需要重视教师队伍的组建，培养双师型优秀教师。从综合考察任用考试，在初步阶段重视教师交叉学科素养的衡量比例，强调综合型教师队伍的人才纳入；到任教期间通过定期与不定期地进行教师职能培训与交流学习来不断更新教师的教育知识和教学资源库的存储量，使其在协同育人过程中游刃有余；再到考核评价阶段的系统性考核标准，从结果上给予高校教师育人工作科学评价，同时形成激励动因，促进高校教师在工作中更加注重协同育人。高校学生作为协同育人的重要参与主体，是协同育人最重要的人力资源部分，实现思想政治教育"大中小一体化"，是构建协同育人体系的重要一环，教育发展具有长期性和连贯性，要将价值观教育融入学生教育始终，为高校生源储蓄优质教育生源。

在教学资源上，高校需要合理做出制度性规定，有计划、有组织规划思想政治教育与课程思政的教学，合理设置内容，避免出现思想政治教育与课程思政的两张皮现象。既要发挥思想政治教育主阵地的作用，促进学生有效接受思想道德教育且潜移默化培养学生的社会责任感、集体归属感，又要注重课程思政的补充性教育功能，更好地发挥思想政治教育的作用，激发学生不断参与学习，掌握科学文化知识，寓知识于心、行，达到知行合一，促使管理行之有效，协助高校实现育人目标。同时需要进行探索创新性品牌培养模式，把高校协同育人教学阵地化和品牌化，不断丰富教学资源和教学产品。

在课程资源上，高校思想政治教育与课程思政协同育人的关键在于"课程"，课程是高校实现育人目标的重要载体。课程资源有效供给着力从课程内容、师资力量队伍建设以及考核评价机制出发。从课程内容分析，课程思政在建设的过程中要以思想政治教育内容为基调，探究与挖掘课程思政的发力点，增强教育的实效性。从队伍建设分析，要不断加强师资力量建设，促使专业教师与思想政治教育形成育人共同体；不断提升专业教师的素养和能力，加深专业教师对教书育人的理解与认识，切身体会单纯依赖思政课程来加强学生的道德修养是不够的。因此，切实加强专业教师与思政教师的互助协作是关键，专业教师与思想政治教育共同合作进行备课，更好地运用思政元素，并将其有效融入专业课程中，使专业知识通俗化，便于学生理解，牢记教育使命与初心。从评价机制分析，需量化教育评价资源指标，不断完善考核评价机制。要以学生、教师为双重主体进行考评，注重对专业教师的培养与锻炼，坚定正确的教育方向，双管齐下，激发思政课程与课程思政协同育人内在活力，从而彰显思想政治教育与课程思政的价值，落实合力育人方案。

八、构建协同育人大思政格局

切实推进思想政治教育与课程思政协作育人，不仅仅是高校的责任和义务，社会和家庭也应该与高校一道协同推进课程思政建设，构建大思政格局。

（一）学校发挥协同育人作用

推进课程思政建设需要每个人贡献自己的力量，高校要发挥协同育人功能，上下联动推动思想政治教育与课程思政协同育人。

高校要重视课程思政建设，推进协同育人工作。加大对课程思政的资金投入，成立课程思政教研室，设立课程思政科研项目，鼓励老师建设课程思政；改善校园环境，融入思想政治教育元素，发挥隐性教育作用；建立健全协同育人机制，组织领导机制、评价监督机制、合作交流机制；促进课程协同，实现各学科间的协同，实现知识能力价值观三方面协同；促进人员协同，实现后勤人员、管理人员、教师队伍间的协同。

高校是进行思想政治教育的主阵地，需要发挥立德树人的作用。高校应具有使命感和责任感，协调所有力量促进思想政治教育与课程思政协同育人。

（二）家庭承担思想政治教育责任

思想政治教育不单单是学校的责任，家庭也应该承担思想政治教育的责任。家庭思想政治教育是指在家庭环境中进行的思想政治教育，即在家庭环境中年长者（主要指父母）对下一代的思想政治信仰、道德修养、法律素养、心理素质等方面所进行的一系列有意识或无意识的教育活动的总和。

每个人从出生开始就受到家庭教育的影响，家庭教育对人的影响是潜移默化和深远持久的。良好的家庭教育和学校教育相互配合，使人受益一生。父母是孩子的第一位老师，父母要严格要求自己，修身养性，为孩子做好榜样示范。父母的一言一行、道德素质、价值观点都会影响到孩子，因此父母要严格要求自己，对孩子起到正面引导的作用。现代的家庭教育大多注重道德教育，却忽视了对公民责任感的培育。个人与社会、国家密不可分，要教育引导孩子具有家国情怀，热爱自己的国家和民族，对自己的国家和民族充满自信心和自豪感；激发责任意识，具有公德心和良好的道德品质；养成理性思考的能力，对事情有独立的见解，引导孩子树立正确的价值观念。

家庭教育也是一种隐性思想政治教育，具有独特的思想政治教育优势。家庭思想政治教育具有特殊性、针对性、广泛性以及基于血缘纽带下的亲和性和权威性。家庭教育应承担思想政治教育责任，通过发挥自身独特优势推动思想政治教育的发展。

（三）社会发挥思政大课堂作用

积极构建"思政小课堂"和"社会思政大课堂"，实现理论性和实践性的统一。推动第一课堂和第二课堂联合，鼓励支持学生参与社会实践活动。社会也要发挥思政大课堂的作用，修建具有文化气息的基础设施，保护好传统文化和传统建筑。实践出真知，社会要提供给学生参与实践的机会，学生在实践中体会到马克思主义的优势、社会主义的伟大和繁荣，激发出建设社会主义的使命担当，在社会实践中增长知识和技能，成长为全面发展的人。

第二节　高校思想政治教育与课程思政协同育人机制

一、健全协同育人指导机制

协同育人机制的建设是一项集系统性、复杂性于一身的艰巨任务，是一种极具开拓性的教育教学探索，覆盖面广，涉及人数多，挑战性强。若没有科学有序、行之有效的指导机制，高校的育人目标就很难实现。由于高校专属管理资源存在不可分性，要降低管理成本，减少协同衔接环节，就应当加强顶层设计，做好整体规划，建立并完善相关机构及其职能，科学化地建立健全统一领导的党委领导机制、多元共治的协同工作机制、上下贯通的协同管理机制。

（一）建立统一领导的党委领导机制

习近平总书记提出，"高校党委对学校工作实行全面领导"。在协同育人机制的构建与完善上，高校党委在宏观把握和顶层设计上承担政治责任，掌握该机制建设的方向与宗旨。高校党委，要始终清楚明晰并自觉承担自身的责任，切实加强对协同育人机制建设的领导，进一步落实责任主体，结合实际健全工作机制，强化督查检查，确保建立健全协同育人机制是一次自上而下的教育改革。

1. 要明确党委主体责任

高校党委，作为协同育人这项宏大机制建设的责任主体，统领协同育人全局，要想落实育人的根本任务，就应当以身作则，自觉提高自身的思想水准、认识水平、知识素养，自觉纠正关于育人工作实施主体的错误观念；自觉消除思想政治教育这一工作只能由思政课程来开展实行的认知偏差；自我吸收"课程思政""三全育人""协同育人"的科学育人思想，做好育人工作的风向标，提高理论自觉和文化自信，将"协同"的工作思想融会贯通于育人工作之中。此外，高校党委还要在明确各门课程、各科教师都具有育人的作用功能，都承担着育才职责的基础上，高度自觉地扛起组织领导、组织协调的重任，充分整合育人资源，优化资源配置，开展培训、宣讲等多种形式，让各层级各部门明确为何要推行"思想政治教育与课程思政协同育人"、如何"协同育人"，有步骤地将"课程思政""协同育人"理念引入人才培养体系，融入组织管理体系，渗入教育教学体系。

2. 要强化党委领导

高校党委承担制定全校性育人工作改革方案、协同育人资源、调配各级部门行动的职责，坚持党委的统一领导，加强党委对于育人改革的组织领导、统筹协调，保证改革的落地生根。党委要将意识形态领导做到位，将示范引领工作做扎实，巩固马克思主义理论在其他课程中的指导地位，发挥马克思主义理论对所有课程的引领、示范和辐射作用；又要加强自身示范引领作用，可以尝试走上育人"大课堂"，通过自身道德修养、品德行为进行言传身教，提供榜样示范作用。另外，在校级党委的统一领导下，党政所处的职能处室为协同育人提供政策支持和物力支持；院系党委做好贯彻落实，同基层党组织与党员教师形成协同育人领导小组，发挥协同育人作用。

（二）建立多元共治的协同工作机制

建立多元主体共建互补的协同育人工作机制，改变高校各类课程之间"各自为政"的现状，加强协同育人机制建设的系统规划和整体推进，是健全协同育人机制的题中应有之义。高校各部门、二级学院，应当在党委的统一领导的基础上，发挥院校行政职能，加强教务处、宣传部、教师工作部、人事处、学工部以及马院等各类二级学院的统筹协调，形成合力。

在协同育人工作中，全体部门全体教师都应当种好责任田，打好组合拳。从党委的宏观领导到教师的实施落实，离不开各职能部门与二级学院的担当与执行，以保证各项课程在育人工作中都能收到良好的效果与反馈。因此，应当建立教务处牵头、宣传部引领、学工部和二级学院各负其责的多元共治的协同工作机制。协同育人总体机制建设的基础在"课程"，作为学校的管理部门，教务处在推进协同育人建设中发挥着至关重要的牵头作用。教务处应当支持并推行教学改革，在教学评价与教学改革中规定育人工作的比例，设计教学质量评估指标，将"育人"要求作为教学过程的首要因素，将"育人"标准明确为课程设置和教学大纲的重要内容，将"育人"工作落实到目标设定、教材选用、教案编写各个方面，贯穿于教学研讨、备课授课、实验实训、论文报告、工作总结等各个环节，保障育人工作能够协同推行。宣传部应当发挥其思想引领的功能，让高校师生对"协同育人"的认识进一步加强，并潜移默化地认同这一育人理念，在广大教师中发掘先进典型并进行宣传，号召教师队伍都能够以此为榜样，自觉在教学过程中落实"协同育人"的先进理念，营建浓郁的育人氛围，打造一流的育人环境。人事处应当提高教师准入门槛，加强师风师德的建设，并将其作为教师职称评定的标准，建立健全教师的激励评估机制和考核机制。学工部以及其他部门不应仅仅局限于第二课堂，应当协同教师队伍，促使各教师队伍能够协同，促使各类教师能够参与到各类课程的实践中，协同发挥育人作用。马克思主义学院应当着重夯实自身基础以提升思政课程的亲和力、针对性和实效性，充分发挥其在育人体系、课程体系建设与完善中的先导作用。各二级学院应当与各职能部门通力合作，提高协同育人的意识与能力，将"课程思政""协同育人"等工作纳入到党政联席会研究议程，主动承担起落实根本任务之重任，明确除思政课程以外，其他课程也是开展育人工作的重要平台，将育人工作有机融入学院的人才培养、课程设置与课程教学中，形成一院一特色的协同育人局面。

（三）构建上下贯通的协同管理机制

贯彻落实思想政治教育与课程思政协同育人的理念，是牵扯多方、程序复杂的系统性工作。从宏观角度来看，需要国家相关政策统筹、总体工作思路指引和专项财政物资保障；从中观层面来看，需要高校具体方案引领、高校之间协调合作、教研之间共同促进；从微观层面来看，需要专业课教师更新理念、思政课教师带头试验、教务处团委等部门辅助配合。由此来看，这涉及了多个层级、多个系统，不仅需要教研系统落实教学、行政系统协调关系，而且需要党委系统监察督导，因此需要形成一个齐抓共管、多级协同的管理体制，为协同育人工作的开展提供保障。

一是教研系统落实教学牵涉全体高校教师的切身利益和自身发展，需要制度予以保障。要切实推进协调育人的教学工作，首先需要高校和教育部组织动员地区高校教师成立联合会，根据地方文化特征和不同阶段学生的身心特点制定具有可行性的教学方案，建设囊括各类学科的思政数据库和课程思政典型案例教材，并定期组织高校教师学习交流；其次需要高校、教育部以及地方政府共同审定课程思政专项科研经费的部署，打造地方精品课程并评选地区课程思政学科名师；最后还需要高校统筹安排专业课教师的科研工作和教学工作，在绩效考核和干部评选上向课程建设倾斜。

二是行政系统协调关系涉及不同层级教育主体的工作安排，需要制度加以维系。协调育人工作不只是专业课教师运用思政元素进行专业教学那么简单，要想创建全社会各学科积极协同育人的生动局面，各级行政管理部门必须要高度重视、层层把控。地方行政管理部门要在各高校之间协调关系、牵线搭桥，推动名校带动一般院校，促进高校间教育资源共建共享；学校行政管理部门要在专业课教师与专业课教师之间、专业课教师与思政课教师之间、教学单位与行政单位之间协调统筹，促进名师带动一般教师、优质课程驱逐劣质课程，集合学校思政资源共同发力，提升思政育人的实效性。

三是党委系统监察督导关系多个级别多个职能单位的工作成效，需要制度加以鞭策。各级党委要高度重视协同育人的开展情况，要密切关注不同地区、不同高校、不同专业课程思政建设的总体情况及其实效，要对课程思政专项财政基金的使用情况以及课程思政教师的人事调动情况定期摸查，严防教育系统的贪污腐化和违规乱纪行为，将成效突出的高校及教师树立为模范典型，对毫无成效的高校及教师进行约谈、责令改进。总之，党委要积极落实监督职责，督促高校及教师贯彻落实协同育人的教育理念，以提升青年学生的品德修养和政治水准。

概而言之，要真正贯彻落实高校思想政治教育与课程思政协同育人工作，需要专业课教师等教研系统精准发力、教育部等行政系统协调关系、各级党委系统落实监督职责，共同构筑起上下贯通的多层级有效协同的管理体制。

二、构建协同育人课程机制

（一）构建三维课程目标的相互协同机制

在高校中，课程是承载育人元素的载体，是构建协同育人机制的基础。课程目标是课程实施的晴雨表、风向标，是指开展课程以后，对其达到效果的一种期望，在选择授课方式、课程讲授、课程评价中起到基础性的作用，是课程设计的首要环节。因此，对于课程目标进行明确分类，将各类课程目标纵向衔接具有重要意义。新课程改革明确要求我国中小学的所有课程都应当设立知识技能、过程方法、情感态度价值观这三个维度的目标。高校要构建课程协同育人机制，应当明确高校课程同样需要课程目标，并借鉴中小学的三维目标，设立知识传授目标、能力培养目标和价值引领目标三维课程目标，通过教育方法、教育艺术和教学设计实现三维目标的协同。

知识传授目标是课程目标中最基础的内容，离开了知识，课程就不能称之为课程。这一目标就是指学生在课程学习之后应当理解、掌握并运用相关学科知识，这些学科知识包括定义、原理、规律等。知识传授主要包括三方面，即知识的理解、记忆与运用，理解就是能够明确知识点的内在逻辑及其联系，对"是什么""为什么""怎么样"都能够有清晰的认知；记忆是指能够识记、保持、再现或再认知识点；运用则是指学生能够举一反三，能在不同情境下运用已学习到的知识解决类似的问题。能力培养目标主要依托于知识传授目标，是指在课程学习后学生获取的能够完成相关任务或解决某些问题的综合素质。将综合能力分为专业能力和一般能力，专业能力指学生在专业学习中培养的专业技能与方法，一般能力指较为普遍和基础的能力，在各项工作、日常学习和生活中都普遍需要调动这些能力。价值引领目标是一种价值判断，具体来说是一种体验性认识以及情感态度。高校人才培养应当永葆社会主义底色，并坚持党的领导，所以课程目标的设置尤其是价值引领目标应当为中国特色社会主义服务，即所有的课程都必须引导学生树立正确的、科学的、积极的符合社会主流的三观，以健全学生人格，助力全面发展。

知识传授、能力培养和价值引领目标这三者紧密联系，缺一不可，因此，把握好三者的联系，构建三维课程目标相互协同机制是实施课程协同育人的前提与基础。在三维目标协同机制中，知识传授目标是基础性目标，能力培养目标是发展性目标，价值引领目标则是旨规性目标，三者相互促进，相辅相成。高校教师在教学设计以及实施课程中，必须以知识传授目标为基础，丰富而又扎实的知识储备是大学生就业的通行证；以能力培养目标为重点，能力是大学生生存的根本，也是其在行业和岗位的核心竞争力；以价值引领目标为核心，回答"为谁培养人""人才为谁服务"的问题本质。

（二）构建三对课程矛盾的横向贯通模式

在教师授课过程中，存在显性教育与隐性教育、人文社科与自然学科、课程传统与课程创新这三对主要矛盾，要想真正实现课程协同育人，就必须将这些对立统一的矛盾横向贯通，构建三对课程矛盾的横向贯通模式。

1. 显隐结合

显性教育，指教育者有计划、有目的地利用公开手段、公共场所来开展教育的方法；隐性教育指在宏观的指导下，为让教育对象无意识地受到熏陶感染，采取内隐式社会活动的一种教育模式。隐性教育与显性教育这二者都是具体的教学形式，都是有效果、有作用的方式，各有优势、相互联系、相互渗透。将有意识灌输和无意识熏陶相结合，既能够在有效降低教育存在感的前提下，正面落实并高效实现教育目标，又可以显著增强育人工作的亲和力、感染力和吸引力，促使学生将知识获得感和学习自主性有效结合。思政课程作为显性课程，应当充分发挥其引领作用，其他各类课程在育人体系中作为隐性课程，在完成自身课程的三维目标之后，应当与思政课程协调推进，齐抓共管，发挥助力作用，形成协同效应。

２. 将人文社科、自然学科相融合

课程上接学科，下接专业。要想实现课程协同，构建课程协同育人机制，就必须将其承接的学科相结合。人文社科主要以人类社会各种情况、问题、现象和规律为等研究对象，是对于所有符合上述条件的相关学科的总称，主要包括人文和社会这两大学科类别。对于人文学科而言，它主要以人的生存情感、价值、意义等作为研究客体，该学科体系的目的十分明确，即构建一个精神与意义的世界；社会学科主要研究社会的组织结构和现象，主要探讨社会形态、结构、特征、性质、发展趋向等问题，揭示社会规律。自然学科则以自然界为研究客体，以观察、实验、实证为方法来研究自然界的结构、属性、现象、自然界变化原因以及运动规律等内容，促使人类能够有效适应自然和改造自然。人文社科与自然学科既存在差异、相对独立，又相互依存、相互关联，将二者相互贯通、相互协同，统筹规划各门学科的价值元素，处理好政治方向、价值取向以及学术导向三者之间的关系，促使各类学科集聚在一起，在保留本学科的内涵与特色的前提下，都担负起育人的功能，从而培养出既具有专业知识、专业技能、社科知识、人文修养，又能够对党忠诚、信念坚定、勇于担当、善于作为的时代新人。

３. 要将课程传统与课程创新相结合

高校学生是推动国家向前发展的后备人才，高校教师与高校学生需要具备能够承担社会责任的动力和能力，即高校既要有深厚的积淀来传承历史，又要顺应时代发展，具备世界视角和开拓创新精神来引领学生创新发展。具体来说，传统的课程以理论灌输为主，具有很强的理论性，而新时代的课程具有实效性、交互性和时代性等新的育人新要求，因此，必须将理论性和实效性、交互性、时代性相结合。这就要求教师在教学方法上，尊重和挖掘传统课程教育的优势，授课教师仍然是以面对面讲作为课程育人的主要方式，在口耳相传中将智、德等内容传递给学生；同时也要紧握时代脉搏，关注、掌握、领会国内外最新发展动态，并将其贯穿于人才培养之中，只有这样才能焕发各学科各课程的生命力，才能够创新育人内容和育人形式。在课程内容上，教师在进行理论教学的同时，应当重视德育的实效性，将理论与实际相结合，研究学生的成长需求、教学大纲、教材体系，将德育内容趣味化、生活化、多元化、全面化，将理论概念和理论话语清晰化、直观化，推动育人相关主题和内容契合生活，贴近学生；分析学生在学习、工作、生活、心理等方面产生的具体问题，对其加以抽象、总结、概括成理性认识。通过从抽象到具体，再从具体到抽象的方式，实现课程内容理论性、实效性、交互性的结合。

三、强化协同育人保障机制

（一）完善制度保障机制

制度是为了规范，规范是为了发展。制度保障是高校课程思政育人能够有效落实的保证，全校思想政治教育工作是一个整体，在这个前提下，学校党委及教学行政部门统筹规划，相关部门细化制度内容，同时在具体实施和调研过程中不断完善，形成一定的体系，从纲领性的制度文件到具体实践操作的细则等，真正建立起上下贯通、多元参与的机制。

在思想政治教育与课程思政协同育人的过程中，条件保障是必要的，分别包括教学资料、集体备课以及系科座谈制度保障等。具体如下：第一，在开展思想政治教育与课程思政协同育人工作的过程中，必须确保拥有充足的教学资料，如网络资源、书籍刊物等。第二，由院系教研室负责开展集体备课制度，分别安排多个主体进行备课，等教师准备充足后，再由备课组进一步编排和设计，其余教师负责观课，最后进行讨论和评价，授课教师根据其建议和评价来对课件进行修改，获得优质课例，打磨出课程思政好课。第三，系科座谈制度。此类制度是对公开课和其他重点建设课程进行经验总结、交流和座谈，各位教师将备课过程所遇到的难点问题提出，有助于优化教师间协作机制，提升课程思政的实施效率。

（二）完善激励保障机制

要增强育人系统工作的协同性，建设思想政治教育与课程思政协同育人机制，必须加强对育人主体的激励，构建激励机制，以大幅提高育人主体的主动性、积极性，打好育人这项工作的组合拳，优化育人环境。完善激励机制，一方面应当将物质与精神两种最为主要的激励方式相结合。物质激励是从个体的切身利益出发，以满足物质文化生活需要为立足点，通过运用物质手段来充分调动个体实现目标以及个体自身进步的积极性，主要包括工资、绩效、奖金或物质性奖品等具体形式；精神激励则是以满足个体精神需求为主要内容，运用有效的方式、方法影响和激发个体的精神动力，从而引导个体的行为选择，主要包括公开表彰、荣誉性表彰、树立榜样典型等具体形式。精神激励与物质激励虽然相对独立，但在育人系统中又相互联系、互为补充，尤其是在高校育人工作系统这样一个以强化人的精神力量为目标和内容的工作系统中，要深化精神力量的指引、教导和支撑作用，唯此才能培养出集方向正确、物质满足、品德高尚、道德荣誉与责任担当并重的新型人才队伍。具体来说，就是要在充分了解和掌握激励对象的合理物质需求和精神需求的基础上，在激励方式的选取上，注重激励效应最优化的同时，也不能忽视文化环境和舆论氛围的感染力和凝聚力。另一方面，要将个体激励与团体激励相协同。高校思想政治教育与课程思政协同育人的工作是一项极为庞杂的系统工程，在该系统中很多复杂的工作都需要团队合作和协同，因此，要将个体激励与团体激励相结合，打造出先进个人和先进集体，以此来激发个体潜力，帮助个体实现其事业目标。在该机制中，要以协同育人为目标，通过运用激励机制提升教育主体的协同育人意识，加强育人主体的互动合作，将协同育人的工作成果作为其考评的依据，对于协同育人工作有突出贡献的或表现优异的教师、辅导员以及其他教育工作者，可以在评优评奖、评先评职称等方面给予优先和奖励，并且在校园中表扬先进、宣传事迹以形成良好的育人氛围。在激励机制中，要有奖惩机制，对教育个体和团队既有约束又有奖励；也要对大学生进行相应的奖惩激励，将外部推力转化为大学生自我教育、自我努力的动力，充分调动大学生的积极性，提升其主体性地位。

（三）构建资源保障机制

资源，指一定地区内拥有的物力、财力、人力等各种物质的总称。从高校思想政治教育与课程思政协同育人这一视角来看，与其有关的资源主要集中在三方面，其具体情况如下。

1.人力资源

人力资源是高校发展的核心因素。高校人力资源的质量决定着高校的活力和发展水平。高校人力资源管理是指高校不断获取高质量的人力资源，并将其整合到学校的各项活动中。同时，要根据教师各方面的情况，实施强有力的激励。在高校中，无论是思想政治教师、专业教师还是教辅管理人员或是学生，都具有相当大的潜力尚待挖掘。人力资源的开发需运用激励措施，对积极开展思想政治教育与课程思政的教师和工作人员进行薪酬激励、对优秀教学范例进行表彰宣传、增加课程思政落实情况在职称评定中的加分和比重等，调动教师发展的内在动力，最大限度地实现思想政治教育与课程思政协同育人的目标。

2. 物力资源

其主要指思想政治教育与课程思政协同育人中的所需的高校课程思政资源数据库、相关技术设备和基础设施。建立教学数据库有助于教师在示范精品课中不断学习，不断提升，从课程内容到课程思政设计，这样的交流平台有效提升了高校教师的专业化水平。同时教师在教育教学的过程中，将学习到的学科知识、专业能力等转化为技能，需要各类实验室、综合实践教室等建设，见习基地、校外实践教学基地的投入等。尽管此类资源存在物质性特征，然而其所承担的精神力量却是巨大的。

3. 财力资源

财力资源指的是政府部门为了思想政治教育与课程思政系统育人工作的顺利开展，为高校提供专门的经费支持。当前进一步加大对这方面的财政投入，加深高校以及各专业教师在课程思政建设中的责任感。同时政府还需要按照高校综合素质指标展开绩效拨款操作，加大对重点项目的支持力度，并对相关项目管理机制进行优化，而学校则需要借助自身的师资队伍以及学校特色，聘请相关专家进行校内指导，结合实际情况进行思想政治教育与课程思政协同育人机制的构建和优化。

（四）建立考核评价机制

在思想政治教育与课程思政协同育人工作系统中建立考核评价机制，既能够掌握协同育人大系统自身的运转效果，也有助于协同育人系统内部各项具体工作的优化与完善，从而保障协同育人工作能够有效落实，提升协同育人工作的实效性。构建考核评价机制，第一应当强化考核与评价相互协同的理念，将考评融入协同育人工作的全过程，使其成为育人工作系统的"常驻环节"。评价与考核相互协同，不可割裂，只有将其协同，才能直观、客观、准确地把握育人工作系统内部各项育人要素协同工作的开展；只有将考评融入育人工作的全过程，使其成为育人工作系统的"常驻环节"，才能从根本上和细节上找出育人工作环节中存在的问题节点，才能以评价考核的结果为依据，以进一步优化、精细化育人工作系统中的内容或环节。第二，要科学设立考评标准。通过设立考评标准，有助于将考核评价工作融入协同育人工作的全过程、全方位，以进一步提高思想政治教育与课程思政协同育人工作的科学性和针对性。考评标准首先要坚持精神成果与物质成果相结合，育人的工作本质上是做人的工作，对于人来说，精神成果比物质成果更有价值，能更好发挥引导作用，因此，在考评标准的制定中，不应当只注重容易量化的物质成果的考核，更应当关注包括优秀党员精神的学习、先进榜样的树立等反映精神成果的评价考核。考评标准的制定还要坚持近期效益与长期效益的结合，育人工作的目标是一个包括短期目标和长期目标、宏观目标和精细目标在内的目标体系，评价考核应当以该目标体系为导向，将短期效益与长期效益相结合；另外，育人工作是一个长期性和复杂性的工作，必须重视其长期效益的实现，因此要将短期效益与长期效益相结合作为考评的另一项标准。第三，重视发展性评价，并将其与结果性评价相融通。协同育人工作系统中评价与考核从来都不是该系统的最终环节，将结果评价与过程评价相结合，明确效果的影响要素，以改进后续工作。在评价中，既要开展对于协同育人过程中的各项要素的分解评价，主要包括育人主体的业务水平、本职工作完成情况的评价；载体使用和载体互补以及资源利用和资源整合的评价；完成课程协同等各项协同工作目标情况的评价等。评价也要关联分析过程评价与结果评价，通过关联分析明确对育人工作效果影响最为明显的过程要素，进而有针对性地进行完善和优化。第四，要实行对于教育主体师德师风和思政政治素养的双重考核。因此，在对于教师的考核上，不仅要关注教师的业务水平，也要注重师德师风和思想政治素养，重点关注教师在理想信念、扎实学识、道德情操、仁爱之心这几个方面的成果，以促进协同育人和办学目标的同步实现。

（五）完善监督保障机制

监督机制是能够规避协同育人工作的实施偏差并及时修补漏洞以保障协同育人机制顺利实施的重要手段和环节，完善监督机制，有助于保障协同机制的顺利实施和育人质量，实现高校思想政治教育与课程思政协同育人工作的自我完善与自我优化。一方面，要与实施机制相配合，将事中与事后这两种监督相贯穿。事中监督，是监督机制中最关键的环节，指在具体实施协同育人工作的同时，开展与之相协调同步的监督活动，主要监督日常育人的实施情况，协同环节或内容是否科学，精细目标能否按计划实现，如若发现问题可以及时进行分析、纠错和补救。事后监督是对事中监督的补充，要通过检查以及惩治的方式对于较为典型的问题进行修补和完善，以保证后续的实施不会出现类似的问题。只有将二者相结合，才能保证协同育人机制的实施始终在既定和可控的范围内。另一方面，高校要加强相应监督制度的建设，将外部与内部这两大监督方式相结合，这是对其进行完善的必要环节。在高校中，教育主管部门检查学生工作部门对于学生的管理情况、规范情况并且直接监督学生纪律和行为；高校主管思政工作的校领导主要监督思想政治教育职能部门，监督相关部门对于工作的落实情况；学生思政工作相关职能部门监督各个学院的思政工作部的开展工作情况，学生、教务处、教研室监督教师的课程协同情况。高校要从制度层面落实监督工作，促使协同育人系统中各个部门的所有成员能够按照岗位职责和制度完成任务，促使这些成员能够从学生全面发展出发，学好、遵守好、运行好制度。在外部监督的同时，个体也要做好自我监督的工作，提升自我监督意识与能力，做到时时刻刻自省。只有将内外监督相结合，才能从根本上将监督机制贯穿于协同育人机制实施的始终，才能提高育人主体的履职尽责彻底性、协同育人工作的合规律性和实效性。

参考文献

[1] 钟启泉.现代课程论 [M].上海：上海教育出版社，1989.

[2] 陈秉公.思想政治教育 [M].长春：吉林大学出版社，1992.

[3] 中共中央文献研究室.邓小平论教育 [M].北京：人民教育出版社，1995.

[4] 靳玉乐.现代课程论 [M].重庆：西南师范大学出版社，1995.

[5] 共青团中央，中共中央文献研究室.毛泽东邓小平江泽民论青少年和青少年工作 [M].北京：中央文献出版社，中国青年出版社，2000.

[6] 张华.课程与教学论 [M].上海：上海教育出版社，2001.

[7] 张耀灿，郑永廷，等.现代思想政治教育学 [M].北京：人民出版社，2001.

[8] 张耀灿.现代思想政治教育学 [M].人民教育出版社，2001.

[9] 项久雨.思想政治教育价值论 [M].北京：中国社会科学出版社，2003.

[10] 仓道来.思想政治教育学 [M].北京：北京大学出版社，2004.

[11] 郑永廷，张彦.德育发展研究 [M].北京：人民出版社，2006.

[12] 马克思恩格斯列宁斯大林著作中共中央编译局.马克思恩格斯选集（第 1 卷）[M].北京：人民出版社，2012.

[13] 中共中央文献研究室.十八大以来重要文献选编（上）[M].北京：人民出版社，2014.

[14] 张耀灿.思想政治教育学原理 [M].第三版.北京：高等教育出版社，2015.

[15] 习近平.习近平谈治国理政（第 2 卷）[M].北京：外文出版社，2017.

[16] 中共中央文献研究室. 习近平关于青少年和共青团工作论述摘编 [M]. 北京：中央文献出版社，2017.

[17] 代黎明. 高校思想政治教育实效性研究 [M]. 北京：北京理工大学出版社，2018.

[18] 贾灵充，周卫娟，赵艳娟. 当代大学生核心素养与思想政治教育研究 [M]. 北京：新华出版社，2018.

[19] 盖庆武，贺星岳. 新时代高职课程思政理论与实践 [M]. 杭州：浙江工商大学出版社，2019.

[20] 江洪明，秦海燕. 新时代思想政治教育理论研究与实践探索 [M]. 沈阳：沈阳出版社，2020.

[21] 陈金平. 多媒体时代高校的思政教育研究 [M]. 北京：北京工业大学出版社，2020.

[22] 沈树永. 大学生思想政治教育对策研究 [M]. 上海：上海财经大学出版社，2020.

[23] 邓艳君. 高职思想政治教育滋养工匠精神研究 [M]. 长沙：湖南大学出版社，2020.

[24] 黄小华. 思想政治教育价值实现理论述评 [J]. 探索，2011（03）：133-137.

[25] 陈宝鹏. "课程思政"与大学生思想政治教育相融合的实践价值 [J]. 沈阳干部学刊，2020，22（06）：43-44.

[26] 陈希强. 课程思政视域下的辅导员思想政治教育工作研究 [J]. 现代职业教育，2020，No.210（36）：132-133.

[27] 聂迎娉，傅安洲. 意义世界视域下课程思政的价值旨归与根本遵循 [J]. 大学教育科学，2021（1）：71-77.

[28] 郝晓鹏. 基于课程思政的高校思想政治教育新途径研究 [J]. 科幻画报，2021，No.312（10）：165-166.

[29] 闫春飞.思想政治教育共同体视域下高职院校课程思政建设研究 [J]. 教育与职业，2021，No.991（15）：107-112.

[30] 汪希.课程思政视域下高校思想政治教育工作协同育人机制研究 [J]. 中国测试，2021，47（05）：182.

[31] 魏建丽.课程思政背景下高校思想政治教育改革的几点思考 [J].决策探索（下），2021，No.688（05）：36-37.